Social Media Marketing

für kleine Unternehmen

Wie man neue Kunden gewinnt,

mehr Geld verdienen und

Heben Sie sich von der Masse ab

Für Berechtigungsanfragen und Optionen für den Kauf von Großbestellungen senden Sie eine E-Mail an support@smmfsb.com

Erste Printausgabe 2022.
Aude Publishing

Gebundene Ausgabe ISBN 978-1-957470-08-5
Taschenbuch ISBN 978-1-957470-07-8
ISBN 978-1-957470-09-2
LLCN 2022919196

Social-Media-Marketing

für kleine Unternehmen

Wie man neue Kunden gewinnt, mehr Geld verdient und sich von der Masse abhebt

Jon Gesetz

Aude Publishing

so·cial

....

sō'shəl

1. der menschlichen Gesellschaft und ihrer Organisationsformen oder in Bezug auf sie.

me·di·a

....

ˈmiː.di. ə

1. eine organisierte Informationsquelle.

Inhalt

Social-Media-Marketing

für kleine Unternehmen

Wie man neue Kunden gewinnt,

mehr Geld verdienen und

Heben Sie sich von der Masse ab

1

Warum sozial werden?

Social Media ist auf der globalen Bühne als das heute dominierende Medium der Verbindung und Zusammenarbeit ausgebrochen. Für die Menschen und die Gesellschaft insgesamt sind die Auswirkungen dieses Wandels massiv. Für Unternehmen sind sie noch tiefgreifender. Der Handel im modernen, globalisierten und digitalisierten Ökosystem stützt sich auf ein Instrumentarium, das aus Strategien und Möglichkeiten besteht, die noch vor Jahrzehnten nicht verfügbar waren. Während neue Herausforderungen aufgetaucht sind, hat das latente Potenzial, das in kleinen Unternehmen eingeschränkt ist, mehr denn je die Chance, in einer Wettbewerbslandschaft zu explodieren, die nicht mehr geografisch begrenzt ist.

Die Idee, dieses Buch zu schreiben, kam mir zum ersten Mal in den Sinn, als eine Freundin mir die Bücher zeigte, die sie las, um zu lernen, wie sie ihr kleines Unternehmen in den sozialen Medien vermarkten kann. Ich war erstaunt über den erbärmlichen Mangel an vollständigen und aktuellen Informationen; Diese Bücher predigten Apps, die vor Jahren irrelevant wurden, Werbestrategien, die bei Facebook-Anzeigen aufhörten, und Social-Media-Ratschläge, die darauf hinausliefen, "du selbst zu sein".

Nach dieser Erfahrung beschloss ich, ein Buch zu schreiben, das Kleinunternehmern hilft, ihr Geschäft durch die Erfahrungen auszubauen, die ich beim Aufbau von Dutzenden von kleinen

Unternehmen mit sozialem Einfluss gemacht habe, der eine Viertelmilliarde Aufrufe und Millionen von Followern umfasst, was sich direkt auf viel mehr Kunden und Millionen von Verkäufen auswirkte.

Warum ist es so wichtig, digitales und Social-Media-Marketing in Ihre Geschäftsstrategie zu integrieren? Dies ist eine berechtigte Frage – eine, die oft von denjenigen ignoriert wird, die eine idealisierte Fantasie der sozialen Medien und der digitalen Landschaft für Unternehmen predigen – und eine, die auf grundlegende Veränderungen im globalen Geschäftsumfeld zurückzuführen ist.

Unsere Analyse muss mit dem Verständnis beginnen, dass die Digitalisierung das bestimmende Merkmal der Geschäftswelt des 21. Jahrhunderts ist. Das Internet hat geografische Barrieren beseitigt, die Massenverfügbarkeit von Wissen ermöglicht und jedem, der über ein digitales Gerät und eine digitale Verbindung verfügt, ein beispielloses Maß an Möglichkeiten geboten. Da sich ein größerer Teil der Welt online verlagert, muss die Digitalisierung entweder eine Hauptdeterminante in Ihrem Unternehmen sein – ein gewisses Maß an Körperlichkeit vorausgesetzt – oder, wie bei rein digitalen Unternehmen, die dominierende Determinante.

Die Digitalisierung hat jedoch nicht nur Chancen eröffnet, sondern auch ein viel wettbewerbsintensiveres Umfeld geschaffen. Im Gegensatz zu einem relativ eingeschränkten Wettbewerb aufgrund der geografischen Nähe (obwohl dies für Ihr physisches Unternehmen der Fall sein kann, gelten nicht die gleichen Regeln, wenn Sie digital arbeiten), wurden solche Grenzen weitgehend aufgehoben. Ein kleines Unternehmen, das maßgeschneiderte Kissen in Kalifornien verkauft, konkurriert mit Online-Kissenverkäufern in New York und Kanada, während ein Softwareunternehmen mit Sitz in Japan mit Start-ups in Kapstadt und London konkurriert. Als Unternehmen, das in einem solchen

Umfeld tätig ist, müssen Sie die Landschaft der digitalen Welt nicht nur verstehen, sondern auch lernen, darin erfolgreich zu sein.

Vor allem durch die Digitalisierung hat die Globalisierung die Volkswirtschaften der Welt in einem noch nie dagewesenen Ausmaß weiter vernetzt.

Wir sitzen buchstäblich alle im selben Boot, und die Globalisierung spielt bei allen digitalen Strategien eine Rolle. Die Kombination von Digitalisierung und Globalisierung hat nicht nur zu einem stärkeren und härteren Wettbewerb geführt, sondern auch eine Vielzahl von Märkten miteinander verbunden und die Möglichkeit eröffnet, Nischenmärkte zu bedienen, die nun zusammen genug Nachfrage bieten, um das Großgeschäft aufrechtzuerhalten. Diese beiden Trends spielen eine Rolle bei der zunehmenden Rolle, die Outsourcing in Arbeit und Wirtschaft spielt. Outsourcing reduziert den Overhead und erhöht den Wert von Experten, die das digitale Zeitalter nutzen, im Vergleich zu denen, die nach veralteten Regeln spielen.

Viele Unternehmen, insbesondere reine Online-Unternehmen, können durch die Expansion in Nicht-Heimatländer reichlich profitieren. Ein solches Beispiel ist dieses Buch und die anderen, die von meiner Agentur verwaltet werden – fast 60% unserer Verkäufe kommen von außerhalb der USA, obwohl die meisten Bücher, die wir verkaufen, auf Englisch gekauft werden.

Dies sind nur einige Gründe, warum digitales und soziales Marketing auf den Markt gekommen sind und warum sich unzählige Unternehmen den Möglichkeiten in diesen Bereichen zuwenden.

Ich Ich versuche nicht, die Realitäten eines komplexen und sich schnell verändernden Wettbewerbsumfelds zu beschönigen. Digital- und Social-Media-Marketing wird nicht für jedes Unternehmen lebensverändernd sein. Vielmehr kann jedes Unternehmen von einer Vielzahl von niedrig hängenden Möglichkeiten profitieren, die im digitalen Raum vorhanden sind, während die in diesem Buch vorgestellten Strategien für einen guten Teil tatsächlich bahnbrechend sein werden.

Wir verstehen jetzt, wie wichtig es ist, sozial zu werden. Im Interesse des grundlegenden Verständnisses, was genau ist soziale m

Soziales Was nun?

Ein Buch über Social Media Marketing muss zuerst die Frage beantworten, was genau Social Media ist - ja, Kinder scheinen heute immer dabei zu sein, während einige auf seine negativen Auswirkungen schwören, aber was ist es wirklich?

Soziales UmfeldUMS lassen sich am besten als Online-Communities definieren, in denen Benutzer miteinander interagieren können. Auf diese Weise ist es ein ziemlich weitläufiges Feld - denken Sie nur an jedes Mal, wenn Sie einen Gruppenchat auf Ihrem Telefon senden, durch Wikipedia scrollen oder einen Beitrag anzeigen, der von einem alten Freund geteilt wurde. In all diesen Fällen interagieren Menschen im Internet miteinander – das ist es, was Social Media im Grunde bedeutet.

Beim Social-Media-Marketing geht es nicht nur darum, Videos zu posten oder Influencer zu bezahlen. Es geht darum, die Wege zu nutzen in dem Menschen online interagieren, um Ihre Produkte und Dienstleistungen in mehr Hände zu bekommen. Dies hängt mit der Frage zusammen, ob es sich überhaupt lohnt, sozial zu werden - in der Tat ist es unerlässlich, sozial zu werden, weil soziale Medien die Art von Interaktion sind, auf der die moderne Welt basiert.

Heute sind die beliebtesten Social-Media-Anwendungen auf einem UGC- oder nutzergenerierten Content-System arbeiten. UGC bedeutet, dass Personen, die eine bestimmte Website oder App (z. B. Facebook oder YouTube) verwenden, Inhalte erstellen, mit denen sich andere Benutzer beschäftigen, und so weiter, und zwar auf endlos zyklische Weise. Aufgrund von UGC sind alle beliebtesten Social-Networking-Sites kostenlos und auf den Verkauf von Werbung angewiesen, um Geld zu verdienen. Auf diese Weise existieren Social-Networking-Websites nur aufgrund von Unternehmen, die sich dafür entscheiden, mit ihnen zu werben. Allein die Tatsache, dass Unternehmen weiterhin in sozialen Anwendungen werben, bedeutet, dass Werbung weiterhin eine praktikable Geschäftsstrategie ist, während die Explosionen in der Content-Erstellungs- und Influencer-Marketing-Branche für die Realisierbarkeit von Inhalten als Geschäftsstrategie sprechen.

Wie bereits erwähnt, zielt dieses Buch darauf ab, einen umfassenden Leitfaden für digitales und Social-Media-Marketing für kleine Unternehmen bereitzustellen. Es wird erstmals im Herbst 2022 veröffentlicht und jedes Jahr aktualisiert, um die sich schnell verändernden Bereiche und Möglichkeiten widerzuspiegeln, die es untersucht. Es wird sich an das Feedback von tatsächlichen Kleinunternehmern anpassen. Um zukünftigen Unternehmern Feedback und Ratschläge zu geben, während Sie und Ihr Unternehmen mit den in diesem Buch vorgestellten Methoden und Strategien voranschreiten, senden Sie uns bitte eine E-Mail darüber, was funktioniert hat und was nicht, oder mit Fragen an team@smmfsb.com.

Erwarten Wir haben den Text in zwei übergeordnete Teile aufgeteilt. In den ersten vier Kapiteln wird ein konzeptioneller strategischer Rahmen aufgebaut. Anschließend geht es weiter mit einer detaillierten Untersuchung des Social-Media-Marketings, der sozialen Werbung, der Erstellung von Inhalten und verwandten Themen, die im größeren Bereich des digitalen Marketings enthalten sind.

Dieses Buch wurde speziell für Kleinunternehmer und Unternehmer geschrieben. Kleine Unternehmen und ihre Eigentümer bilden das Rückgrat aller wirtschaftlichen Aktivitäten und sollten nicht

sind aufgrund mangelnden Wissens im Wettbewerb eingeschränkt. Das ist der treibende Zweck hinter diesem Text. Ich bete, dass es Ihnen gerecht wird.

Beginnen Sie mit der Strategie

Arbeit ist nur die halbe Miete; Smart Work ist die andere Hälfte. Ebenso geht es beim Wachstum Ihres Unternehmens mit digitalen Mitteln genauso darum, zu wissen, was zu tun ist, wie es zu tun ist. Selbst die am besten ausgeführten digitalen Strategien scheitern, wenn sie auf suboptimale Plattformen angewendet werden oder, noch schlimmer, wenn sie darauf abzielen, die falschen Ziele zu erreichen.

Diese Gründe sind der Grund, warum eine solche Betonung gelegt wird über die Strategie in diesem Buch. Wir kommen zur Ausführung und zu allen Tipps und Tricks vor Ort - aber glauben Sie mir, dass jedes erfolgreiche Unternehmen, das in jedem Bereich oder Bereich tätig ist, mit dem Denken auf hoher Ebene beginnt.

Drei Stufen Erstellen Sie das Strategieprofil Ihres Unternehmens: Markenstrategie, digitale Strategie und soziale Strategie. Während der übergreifende Fokus dieses Buches auf den beiden letzteren liegt, werden wir alle drei Ebenen durchgehen, um sicherzustellen, dass Ihr Unternehmen mit einer starken Vorarbeit beginnt.

Markenstrategie

Bei der Markenstrategie dreht sich alles um Identität. Es untersucht die Fragen, was Ihr Unternehmen ist, warum es existiert und was es zu erreichen versucht. Wenn Sie Ihre Markenstrategie festnageln, stellen Sie sicher, dass Sie kraftvoll kommunizieren können

Ihre Marke, die Ihnen hilft, Ihre Zielkunden zu erreichen und Ihr Geschäft auszubauen.

Erstens, was ist eine Marke? Wir betrachten Ihre Marke als die Art und Weise, wie Menschen (einschließlich Sie) Ihr Unternehmen sehen. Bei der Markenstrategie geht es um Botschaften, die potenziellen Kunden eine positive Sicht auf Ihr Unternehmen vermitteln: Bevor Sie diese Botschaft teilen, müssen Sie jedoch sicherstellen, dass sie sowohl Ihr Unternehmen genau repräsentiert als auch aus Marketingsicht sinnvoll ist.

Um Ihre Markenstrategie zu erstellen, fragen Sie sich die folgenden Fragen. Es wird empfohlen, dass Sie Ihre Gedanken in einem Tagebuch oder einem anderen weitläufigen Raum artikulieren:

1. Für wen ist Ihr Unternehmen geeignet? Was ist das Problem, das es löst oder braucht und will, dass es erfüllt wird?

2. Warum sollten Kunden im Vergleich zu Wettbewerbern zu Ihnen kommen? Sind Sie billiger, qualitativ hochwertiger oder besser für die Umwelt? Was ist Ihre Mission und was sind Ihre Werte?

3. Wie soll sich Ihr Unternehmen anfühlen? Sie mögen dies als eine seltsame Übung empfinden, aber probieren Sie es aus - stellen Sie sich die Persönlichkeit, den Ton und die Atmosphäre des Unternehmens vor, als wäre es eine Person.

Diese Fragen erfüllen den konzeptionellen Teil der Markenstrategie, der als Ihr Markenkern betrachtet werden kann — einfach ausgedrückt, ist es das, was Ihr Unternehmen zu dem macht, was es ist. Fügen Sie diesen Ideen in den folgenden Schritten etwas Substanz hinzu:

1. Erstellen Sie in wenigen Sätzen einen Elevator Pitch für Ihr Unternehmen.

2. Wählen Sie ein paar starke Slogans, die den Zweck Ihres Unternehmens kommunizieren.

3. Wenn Sie es noch nicht getan haben, stellen Sie sicher, dass Sie das Farbschema, das Logo und die Typografie durchdacht haben, die Ihr Unternehmen am besten repräsentieren.

Wenn Sie diese Schritte unternehmen, sollten Sie eine viel klarere Vorstellung davon haben, was Ihr Unternehmen ist und wie Sie es der Welt am besten mitteilen können.

Wenn dieser Schritt abgeschlossen ist, können wir uns bewegen Weiter zur Digitalstrategie und zur Sozialstrategie.

Digitale Strategie

Digitale Strategie ist eine Kunst des Absoluten: Wenn Ihre Markenbotschaft und Identität klar definiert sind, geht es bei der Erstellung Ihrer digitalen Strategie mehr um die tatsächlichen digitalen Methoden und Prinzipien, die Sie für das Wachstum Ihres Unternehmens verwenden werden.

Digitale Strategie, wie bei allen richtigen Strategien, beginnt mit Zielen. Ein zweiter oft vergessener Teil muss ebenfalls eingearbeitet werden, nämlich Klarheit über die tatsächlichen Leistungskennzahlen (KPIs) verwendet, um den Fortschritt bei der Erreichung digitaler Ziele zu messen.

Um das Ziel Ihrer digitalen Strategie zu identifizieren, beginnen Sie mit dem übergeordneten Ziel Ihres Unternehmens. Versuchen Sie, so viel Geld wie möglich zu verdienen? Sind Sie weniger an Wachstum interessiert und möchten lieber Stabilität in den Vordergrund stellen? Oder versuchen Sie, so viele Menschen wie möglich zu erreichen?

Nehmen Sie sich etwas Zeit, um darüber nachzudenken (seien Sie ehrlich zu sich selbst!) und schreiben Sie es in einem Satz auf.

Dieser Satz bildet die Grundlage Ihrer gesamten digitalen Strategie. Ein großer Fehler der meisten Unternehmen beim Eintritt in den digitalen Raum besteht darin, dass sie dies mit geschlossenen Augen tun – mit der Vorstellung, mit der Zeit Schritt zu halten, aber keine Ahnung zu haben, warum sie dort sind, werden diese Unternehmen letztendlich nicht in der Lage sein, die Palette der ihnen zur Verfügung stehenden digitalen Tools aufgrund ihres mangelnden Zusammenhalts voll auszuschöpfen.

Es geht nicht nur darum, ein Ziel zu haben – sobald Ihr Ziel identifiziert ist, arbeiten Sie rückwärts, um die wichtigsten sozialen Kennzahlen zu spezifizieren, mit denen Sie Ihren Fortschritt auf dem Weg zu diesem Ziel messen werden. Hier sind einige der gebräuchlichsten Kennzahlen, die von Unternehmen verwendet werden, um ihren digitalen Erfolg zu messen:

Ansichten: Wenn Ihr Ziel darin besteht, so viele Augen wie möglich auf Ihr Unternehmen zu richten, geht es um Ansichten.

Verkaufsgespräche: Wenn Ihr Unternehmen Kunden über Anrufe einbindet, ist die Anzahl der digital generierten Anrufe (oder Kunden) eine gute Kennzahl, die Sie berücksichtigen sollten.

Return on Ad Spend (ROAS): Wenn Ihr Unternehmen Anzeigen verwendet, ist der ROAS die wichtigste Kennzahl, um die Rentabilität von Anzeigen zu bestimmen.[1]

Gebuchte Meetings: Wenn Ihr Unternehmen von einem physischen Standort aus tätig ist, kann die Anzahl der online gebuchten Meetings Ihr Hauptmaßstab für den Erfolg sein.

Verkaufte Einheiten: Wenn Ihr Unternehmen Produkte online verkauft, gilt: Je mehr verkaufte Einheiten, desto besser!

Die obige Liste enthält möglicherweise keine Metrik, die zu Ihrem Geschäftsmodell passt. Wenn das der Fall ist, beginnen Sie mit Ihrem Ziel und stellen Sie sich die Frage: "Wovon braucht mein Unternehmen mehr, um seine Ziele zu erreichen?"

Was auch immer Ihre Antwort ist, es ist wahrscheinlich die Metrik, auf der Ihre Markenstrategie aufbaut.

Die meisten Unternehmen, die online tätig sind, verfügen nicht über dieses entscheidende Element: Sie messen den Erfolg an der Anzahl der Follower oder Aufrufe, die sie erhalten, obwohl diese auffälligen Zahlen weder widerspiegeln, wie erfolgreich die digitale Strategie des Unternehmens ist, noch die Metriken berücksichtigen,

---

[1] ACOS (Advertising Cost of Sales) wird auf einigen Plattformen verwendet.

die sinnvoll zu seiner Vision und seinen Zielen beitragen. Nehmen Sie sich jetzt einen Moment Zeit, um Ihren KPI aufzuschreiben.

Als Teil Ihrer digitalen Strategie wissen Sie jetzt, was Sie erreichen wollen und wie Sie den Erfolg messen. Im nächsten Schritt geht es darum, zu ermitteln, welche Plattformen, Methoden und Strategien optimal zur Realisierung Ihrer KPI beitragen.

Beachten Sie, dass es zwei allgemeine Bereiche digitaler Strategien gibt: bezahltes Marketing und organisches Marketing. Bezahltes Marketing besteht aus digitaler Werbung (die in vielen Formen auftritt – denken Sie daran). Organisches Marketing befasst sich hauptsächlich mit der Einrichtung einer sozialen Präsenz als ersten Schritt, gefolgt von der Erstellung von Inhalten, und lenkt den Traffic auf Ihr Unternehmen, ohne direkt für Traffic oder Leads zu bezahlen.

Bevor Sie eine Entscheidung darüber treffen, was für Ihr Unternehmen am besten ist, beachten Sie Folgendes: Großartige digitale Strategien beinhalten Elemente sowohl des organischen als auch des bezahlten digitalen Marketings, oft in einer miteinander verflochtenen Weise (z. B. Werbung, um organischen Inhalten zu einer besseren Leistung zu verhelfen). Bedenken Sie auch, dass es normalerweise am besten ist, mit jedem zu experimentieren, da Sie dies tun werden

Man weiß nie wirklich, was ein Game-Changer hätte sein können, es sei denn, man hat es versucht. Glücklicherweise machen die meisten Werbeplattformen das Experimentieren kostengünstig und mit geringerem Aufwand.

Während die Integration von Elementen von jedem optimal ist, sind hier die Profile von Unternehmen, die von jeder übergreifenden digitalen Strategie am besten bedient werden:

Bezahltes digitales Marketing: Fast jedes Unternehmen kann durch irgendeine Art von Online-Werbung bedient werden.

Anzeigen, die geografisch ausgerichtet sind, eignen sich am besten für Unternehmen, die von einem physischen Standort aus tätig sind, z. B. Tante-Emma-Läden oder Technologiehändler.

Anzeigen, die auf Interessen ausgerichtet sind, sowie Sponsoring und Influencer-Marketing (die wir alle untersuchen werden) eignen sich am besten für Unternehmen, die Produkte oder Dienstleistungen anbieten, die online gekauft werden können, wie z. B. ein Künstler, der Naturdrucke verkauft, oder ein Online-Tutor.

Organisches digitales Marketing: Auch hier können die meisten Unternehmen von einer Art organischem digitalem Marketing profitieren. Grundsätzlich sollten alle Unternehmen sicherstellen, dass Informationen über sie online verfügbar sind (etwas, auf das wir im nächsten Abschnitt ausführlich eingehen werden) und eine E-Mail-Liste einrichten, die es ihnen ermöglicht, Kunden mit Neuigkeiten, Geschäftsaktualisierungen und -einführungen sowie anderen relevanten Informationen zu erreichen.

Auf einer zweiten Ebene des organischen Marketings sollte jedes Unternehmen, das von einem verstärkten Engagement der Community profitiert, regelmäßig Inhalte teilen, die seine Community anziehen und vergrößern (online oder offline). Wir werden weiter unten auf die Arten und Prozesse der Inhaltserstellung eingehen.

Auf einer letzten Stufe des organischen Marketings sind Unternehmen, die Produkte oder Dienstleistungen online verkaufen sollten regelmäßig Inhalte erstellen, die entworfen wurden um ein Publikum zu vergrößern und es in zahlende Kunden umzuwandeln. Dieses gesamte Konzept des Trichterbaus wird ausführlich untersucht.

Nehmen Sie sich vor diesem Hintergrund einen Moment Zeit, um die digitalen Strategien zu überlegen und aufzuschreiben, die Ihrem Unternehmen am besten dienen.

Inzwischen sollten Sie eine klare Vorstellung von dem Ziel haben, das Sie erreichen möchten, dem KPI, der dem Ziel am besten dient, und der besten digitalen Strategie, um diesen KPI zu maximieren. Diese Schritte bringen Sie in Bezug auf die digitale Vision und Strategie für Ihr Unternehmen an einen guten Ort.

Während Sie von nun an lesen, behalten Sie sowohl Ihre Markenstrategie als auch Ihre digitale Strategie im Hinterkopf, da Sie den Rahmen für das Gesamtbild bilden, der durch alle kommenden Informationen ausgefüllt werden muss.

Soziale Strategie

Die Social-Media-Strategie vervollständigt die letzte Stufe unserer digitalen Strategiepyramide. Es beinhaltet die Etablierung der sozialen Präsenz eines Unternehmens, soziale Plattformen, auf denen das Unternehmen Inhalte veröffentlichen sollte, und die Content-Strategie. Mit dem MAGIC-System legen Sie eine Social-Media-Strategie für Ihr Unternehmen fest: Ziele, Zielgruppe, Medium, Inhalt und Umsetzung.

Ziele und **Zielgruppen** wurden bereits in den Übungen zur Markenstrategie und zur digitalen Strategie eingeführt. Nehmen Sie sich etwas Zeit, um darauf aufzubauen, besonders wenn es um das Publikum geht. Erweitern Sie Ihr Denken darüber, wen Ihr

Unternehmen bedient, indem Sie Ihre Zielgruppe (die Personen, die Sie erreichen möchten) und deren Interessen identifizieren. Dies sind die Profile, die Sie verwenden, um soziale Inhalte zu entwerfen und Kunden auf bezahlten Werbeplattformen anzusprechen.

Stellen Sie außerdem sicher, dass Ihr KPI für die digitale Strategie im Social-Media-Kontext sinnvoll ist. Zum Beispiel "Ansichten" werden übertragen
leicht als KPI, da es in einem digitalen und sozialen Kontext verwendet wird, aber so etwas wie "Online-Buchungen" ist messbarer als "Link klirrt", da Klicks auf Links, die in Social-Media-Profilen eingebettet sind, die direkte Aktion auf einer Social-Media-Plattform sind, die zum übergreifenden KPI führt.

Überlegen Sie sich auf diese Weise die Schritte, die Kunden unternehmen sollen, und überlegen Sie sich den letzten Schritt, den Kunden auf einer Social-Media-Plattform unternehmen sollen. Dies ist im Wesentlichen der KPI Ihres Unternehmens im Kontext von Social Media.

Betrachten Sie als Nächstes die **sozialen Medien** oder Plattformen, über die Sie Ihren KPI für die soziale Strategie am besten erfüllen können. Einige der Plattformen, die wir untersuchen werden, erfordern lediglich, dass Ihr Unternehmen über ein inaktives oder semi-aktives Profil präsent ist. Für diese Vielzahl von Plattformen sind keine speziell für sie erstellten Inhalte erforderlich, es sei denn, Ihr Unternehmen passt in die Nische der Plattform (nehmen Sie Pinterest und Design). Die ersten vier Plattformen, die wir uns ansehen (über die Website hinaus, die eine absolute Voraussetzung ist), sind universell einsetzbar und erfordern spezielle Inhalte, wenn Sie sie als wertvolles soziales Medium für Ihr Unternehmen erkennen. Die nächsten beiden sind weniger wichtig, aber immer noch großartig (und letztendlich profitabel), auf denen man aufbauen kann. Die letzten beiden erfordern Profile, benötigen jedoch keine speziellen Inhalte, es sei denn, dies passt in Ihren MAGIC-Plan.

Ich kann nicht betonen, wie wichtig es ist, auf all diesen Plattformen eine soziale Präsenz zu haben. In diesem Schritt des MAGIC-Plans sollten Sie vielmehr entscheiden, auf welchen Plattformen Sie Ihr Unternehmen dazu verpflichten, Inhalte zu veröffentlichen und aktiv Wachstum zu erzielen.

Website: Ihre Website ist das digitale Gesicht und der Dreh- und Angelpunkt Ihres Unternehmens. Es bietet Kunden eine einfache Möglichkeit, sich über Ihr Unternehmen zu informieren und alle Informationen zu erfassen, die sie möglicherweise benötigen. Es ist auch ein

Möglichkeit für Sie, Produkte oder Dienstleistungen online zu verkaufen, Inhalte zu veröffentlichen, eine E-Mail-Liste zu erstellen und Zuschauer auf Ihre anderen digitalen Profile zu leiten. Zusammenfassend lässt sich sagen, dass alle Unternehmen in der heutigen Zeit über eine qualitativ hochwertige Website verfügen müssen.

Instagram: Instagram ist eine der am stärksten eingebetteten und facettenreichsten Social-Media-Plattformen. Es begann als Foto-Sharing-Plattform, hat sich aber über Instagram-Reels (Kurzvideos) auf eine Vielzahl von Inhaltstypen ausgeweitetoder weniger als eine Minute lang), Instagram-Videos (Langform-Videooder über eine Minute lang), Stories (verschwindende Foto-/Videoinhalte),

Instagram-Shopping und Instagram Live. Viele Unternehmen können ihre Produkte direkt in der Instagram-App auflisten. Unabhängig davon ist die Produktion von Inhalten auf Instagram ein Muss für fast alle kleinen Unternehmen, unabhängig davon, ob es Ihr Ziel ist, ein Publikum aufzubauen oder mit lokalen Gemeinschaften in Kontakt zu treten.

Facebook: Facebook war der erste Social-Media-Dienst jenseits von Blogs, der die Mainstream-Nutzung erreichte. Wie bei Instagram können hier mehrere Arten von Inhalten geteilt werden, darunter Text, Foto, Video und Livestreams. Facebook ist ein Muss für alle kleinen Unternehmen.

Googeln: Mit Ihrem Google-Unternehmensprofil können Google-Nutzer (d. h. jeder) über Suchmaschinen wie Chrome und Google Maps schnell Informationen über Ihr Unternehmen abrufen. Yelp funktioniert ähnlich wie Google Business-Profile, und obwohl es in Zukunft nicht mehr behandelt wird, sollten Sie die Gliederung im nächsten Abschnitt zur Einrichtung des Google Business-Profils befolgen, um Ihre Yelp-Seite bei business.yelp.com zu beanspruchen.

YouTube: YouTube ist die Quintessenz der Video-Sharing-Website, die hauptsächlich aus Langform-Videos (über zehn Minuten) sowie Kurzvideos über YouTube-Shorts besteht. Es ist ein guter Ort, um ein paar exemplarische Vorgehensweisen oder Einführungsvideos für Ihr Unternehmen zu veranstalten. In größerem oder konsistenterem Maßstab ist die Produktion hochwertiger YouTube-Videos in Langform eine Aufgabe mit hohen Investitionen, die sich am besten für Unternehmen eignet, die online tätig sind. Nehmen Sie Softwareunternehmen oder Digitalagenturen. YouTube-Kurzfilme sind jedoch ein einfacher Ort, um die Kurzvideos, die Ihr Unternehmen erstellt, falls vorhanden, für die primäre Verbreitung auf anderen Plattformen zu teilen.

TikTok: TikTok ist der dominierende Akteur im Kurzformbereich. Die Werbeplattform bietet eine große Chance für Unternehmen, die Produkte oder Dienstleistungen online verkaufen, während die gesamte Plattform eine großartige Möglichkeit ist, Menschen in großem Umfang in Ihr Unternehmen und Ihre Community einzuführen.

LinkedIn: LinkedIn ist die primäre Networking-App für Unternehmen und Fachleute. Alle Arten von Inhalten können darauf geteilt werden, und es ist eine großartige Möglichkeit für fast jedes Unternehmen (und Kleinunternehmer!), professionelle Verbindungen zu knüpfen, Talente zu rekrutieren und mit einem lokalen Publikum in Kontakt zu treten.

Zwitschern: Twitter ist die klassische Kurzform-Text-Sharing-Anwendung. Es ist eine großartige Möglichkeit, schnelle Updates zu Ihren Produkten, Dienstleistungen und Ihrem Unternehmen zu veröffentlichen. Es eignet sich am besten für Unternehmen, die nicht speziell ein lokales Publikum erreichen möchten, sondern ein breiteres Publikum erreichen möchten, das nicht geografisch begrenzt ist.

Pinterest: Pinterest ist eine visuelle Foto-Sharing-Plattform. Es eignet sich am besten für Unternehmen mit einer physischen Identität, die mit ihren Produkten oder Dienstleistungen verbunden ist, wie z. B. Modemarken, Immobilienverwalter oder dergleichen, sowie für alle Unternehmen, die sich hauptsächlich an Frauen richten (da 85% der rund 80 Millionen Nutzer von Pinterest Frauen sind).

Nehmen Sie sich unter Berücksichtigung dieser Beschreibungen etwas Zeit, um die Plattformen zu betrachten, die der Maximierung Ihrer sozialen Ziele am besten dienen.

Der nächste Schritt im MAGIC-System ist der Inhalt. Dies hängt von der Art der Inhalte und der Regelmäßigkeit der Inhalte ab, die Ihr Unternehmen erstellt und auf den identifizierten Plattformen teilt. Der Inhalt gliedert sich in vier mögliche Kategorien:

Bild: Diese Kategorie repräsentiert alle Inhalte, die als Standbild geteilt werden, unabhängig davon, ob es sich um Produktfotos oder Grafikdesignbilder handelt, die eine Werbebotschaft beschreiben.

Video: Diese Kategorie umfasst sowohl Kurzform- (weniger als eine Minute lang) als auch Langform-Videoinhalte (mehr als eine Minute lang).

Schreiben: Diese Kategorie ist breit gefächert und umfasst mehrere bemerkenswerte Inhaltstypen: E-Mail, Blog und Text sind die großen drei.

Audio: Obwohl Audioinhalte für Unternehmen weniger beliebt sind, bestehen sie hauptsächlich aus Podcasts und reinen Live-Audio-Events.

Die Art der Inhalte, die Sie erstellen, hängt von den sozialen Medien ab, die Sie als diejenigen ausgewählt haben, die Sie verfolgen möchten. Im Folgenden sind die Inhaltstypen aufgeführt, die auf jeder beschriebenen Plattform vorhanden sind:

- Website
  - Alle Inhaltstypen
- Instagram (englisch)
  - Foto, Video, live
- TikTok (Englisch)
  - Kurzes Video, live
- Auf Facebook teilen
  - Foto, Video, live
- Youtube-Videos
  - Video, live
- Zwitschern
  - Kurz vor dem Schreiben
- Anmelden
  - Schreiben, Video, Live
- Pinterest (Englisch)
  - Foto, Video

Best Practices für die Erstellung von Inhalten werden weiter unten im Buch untersucht. Notieren Sie sich zunächst die Inhaltstypen, die Ihr Unternehmen produzieren und freigeben wird.

An diesem Punkt wissen Sie, worauf Sie abzielen, für wen Sie Inhalte produzieren, auf welchen Plattformen Sie die Inhalte teilen und welche Form diese Inhalte annehmen.

Der letzte Schritt im MAGIC-System ist die Festlegung der **Umsetzung**. Die Implementierung bezieht sich auf die Prozesse, die eingerichtet werden müssen, um Ihre digitale und soziale Strategie in Ihrem Unternehmen in die Realität umzusetzen.

Dies variiert drastisch je nach Art des Unternehmens: Ein einzelner Unternehmer, der sein Online-Nachhilfegeschäft betreibt, wird nicht so arbeiten wie ein Buchhaltungsunternehmen mit dreißig Personen, wenn es beispielsweise um Werbung oder die Erstellung von Inhalten geht. Wir werden im sechsten Kapitel nach Möglichkeiten suchen, die Effizienz von Prozessen wie der Erstellung von Inhalten zu maximieren.

Im Allgemeinen laufen die Systeme und Praktiken, die Sie in Bezug auf soziale Medien berücksichtigen müssen, auf Folgendes hinaus:

Technisches Management: Wer kann die Tiefen einer WordPress- oder Shopify-Website verwalten? Dies ist mindestens bei der Erstellung einer Website oder eines anderen digitalen Prozesses erforderlich, der technisches Wissen erfordert (es sei denn, Sie oder Ihre Mitarbeiter sind bereit, selbst zu lernen) und muss danach auf einer bestimmten Ebene vorhanden sein, um zu verhindern, dass einfache technische Fehler zu unnötigen Hindernissen führen (z. B. keine automatischen Updates für WordPress-Plugins aktivieren und die Website infolgedessen zum Absturz bringen).

Content Ideation und Iteration: Ideation und Kreation lassen sich am besten als getrennte Prozesse betrachten. Als langjähriger Influencer habe ich festgestellt, dass das Zusammenführen von Content-Ideen und -Erstellung in ein und demselben Fenster unnötig stressig ist und fast immer zu minderwertigen Inhalten führt. Die zukünftige Erstellung von Inhalten muss an die Analyse und die Leistung der letzten Inhalte gebunden sein (z. B. wenn ein Video explodiert, produzieren Sie mehr Videos mit einem ähnlichen Stil oder einer ähnlichen Botschaft, während Sie die Produktion dieser Art von Inhalten einstellen, wenn ein Video nicht gut funktioniert).

Erstellung von Inhalten: Dies kann viele Formen annehmen, da es sich um die Erstellung von Inhalten für eine Vielzahl verschiedener Inhaltstypen handelt: Schreiben, Foto, Video usw.

Planen, Posten und Verwalten: Posten von Inhalten, Beantworten von Kommentaren und Nachrichten, Aktualisieren von Profilen usw. Diese Arbeit ist gering qualifiziert, erfordert jedoch ein gewisses Maß an Kommunikationsfähigkeit sowie Kenntnisse des Unternehmens, da sie regelmäßig mit Kunden interagieren.

Budget: Viele Social-Media-Prozesse können ausgelagert oder automatisiert werden. Dies ist mit einem Preisschild verbunden, auch abgesehen von den Kosten für bezahlte Werbung. Unabhängig davon, ob sich die Kosten aus Arbeit oder Werbung ergeben, ist es ein regelmäßiger Prozess, den es wichtig ist, sicherzustellen, dass die digitalen Bemühungen Ihres Unternehmens rentabel sind, und die entsprechenden Budgets gemäß diesen Informationen anzupassen.

Während diese Prozesse den größten Teil dessen abdecken, was Ihr Unternehmen für einen erfolgreichen Betrieb benötigt, müssen Sie möglicherweise alternative Systeme entwickeln, um andere anfallende Aufgaben zu verwalten. Versuchen Sie in solchen Fällen, wann immer möglich, zu automatisieren und zu rationalisieren und gleichzeitig eine konsistente Vision und Mission auf breiter Front beizubehalten. Als kurzer Tipp: Denken Sie daran, dass junge Menschen oft bereit sind, als unbezahlte Praktikanten zu arbeiten, wenn es um Social-Media-Arbeit geht.

Wir sind nun am Ende des MAGIC-Systems angelangt. Sie sollten eine klare Vorstellung von Folgendem haben:

- Was Ihr Unternehmen in den sozialen Medien und im digitalen Umfeld erreichen möchte.
- Die Art von Menschen, die Sie erreichen werden.
- Die Plattformen, auf denen Sie Fortschritte machen werden.
- Die Art des Inhalts, den Sie erstellen werden.
- Die Prozesse, die Sie in Ihrem Unternehmen implementieren werden, um alles zu ermöglichen.

Jetzt haben Sie alle drei strategischen Ebenen abgeschlossen. Sie haben Klarheit darüber, wer Sie sind und was Sie als Online-Unternehmen tun werden.

Was bleibt, ist, es zu erledigen: Der Rest des Buches ist ein tiefer Einblick in die Umsetzung der von Ihnen skizzierten Schritte, beginnend mit einem Leitfaden zum Einrichten einer digitalen Präsenz für Ihr Unternehmen.

BRAND STRATEGY

DIGITAL STRATEGY

SOCIAL
STRATEGY

Die drei Ebenen der Strategie.

Etablierung Ihrer digitalen Präsenz

Runabhängig von Inhalten oder Social-Media-Strategien ist ein notwendiger Schritt für alle kleinen Unternehmen der Aufbau ihrer digitalen Präsenz durch die Erstellung von sozialen Profilen auf den in Kapitel drei aufgeführten Plattformen. Dies dient mehreren Zwecken: Es bietet eine größere Sichtbarkeit für das Unternehmen in Suchmaschinen, stellt sicher, dass Informationen über das Unternehmen gefunden werden können, und sichert Benutzernamen sowie Konten für die zukünftige Verwendung.

Es ist wichtig, soziale Profile so einzurichten, dass sie den Zuschauern ein grundlegendes Maß an Informationen über Ihr Unternehmen bieten und in den Algorithmen gut platziert werden. Dies stellt sicher, dass, wenn Personen nach Ihrem Unternehmen oder einer Dienstleistung / einem Produkt der Art suchen, die Sie irgendwo online anbieten, Ihr Profil ganz oben angezeigt wird. Auch hier gilt: Unabhängig von Ihrer Content-Strategie ist dies ein absolutes Muss.

Jede Plattform hat ihre eigenen Best Practices für die Einrichtung von Profilen. Versuchen Sie auf der ganzen Linie, den Benutzernamen zu sichern, der Ihr Unternehmen am besten repräsentiert. Schließen Sie Zahlen und Unterstriche aus, wann immer dies möglich ist, und verringern Sie die Länge. Betrachten Sie ein paar Beispiele (in Rot sind Benutzernamen, die Sie nicht verwenden würden, in Grün sind Benutzernamen, die Sie verwenden würden):

Mary'sB&B: mary_bed_breakfast | marysbedandbreakfast | marysbnb
Omni: omninewyork | Omni2 | omni_besttech | Omni
Wholer Foods: wholerfoods4u | wholer_foods_nyu | wholerfoods

Auf der ganzen Linie benötigen Sie ein hochwertiges Profilfoto. In der Regel machen Sie dies zu Ihrem Firmenlogo – denken Sie nur daran, dass es umso besser ist, je klarer und weniger überfüllt es ist. Stellen Sie sicher, dass Sie Ihr Logo anpassen, wenn es sonst nicht in eine Profilfoto-Einstellung passen würde.

Benutzernamen und Profilfotos sind die plattformübergreifenden Grundlagen – im Folgenden finden Sie Best Practices für das Einrichten von Social-Media-Profilen auf Plattformbasis, geordnet nach Wichtigkeit: [2]

Google Business

Unternehmensprofile sind ein von Google angebotener Dienst, um Ihr Unternehmen in Suchmaschinen und Karten-Apps durchsuchbar zu machen. Wenn Ihr Unternehmen einen physischen Standort hat,

---

[2] Versuchen Sie auf allen Plattformen, Ihr Profil zu verifizieren. Dies setzt in der Regel nur voraus, dass Ihr Unternehmen in Artikeln vorgestellt wurde, die von großen Medienorganisationen veröffentlicht wurden. Während die Anweisungen zur Verifizierung je nach Plattform variieren, sollten Sie sich nach dem Prozess erkundigen und eine Verifizierungsanfrage stellen, sobald Ihr Unternehmen die Medienanforderungen erfüllt.

ist dies ein wesentlicher erster Schritt, der garantiert mehr Traffic an Ihren Standort bringt. In Unternehmensprofilen können Kunden auch Bewertungen zu ihren Erfahrungen hinterlassen, die als sozialer Beweis dienen können, um digitalen Traffic in echte Kunden umzuwandeln. Als Inhaber Ihres Unternehmensprofils können Sie Fragen beantworten, auf Bewertungen antworten, Benachrichtigungen einrichten, Direktnachrichten aktivieren und Beiträge veröffentlichen.

Beachten Sie dieses Google Business-Profil für Morton's Steakhouse, das angezeigt wird, wenn Einheimische nach "Steakhouse" oder "Steak in meiner Nähe" suchen. Auf diese Weise führen Google Business-Profile Kunden effektiv in das Restaurant ein und führen sie zum physischen Standort.

---

[3] *Google Unternehmensprofil, Morton's.*

Dieses Google Business-Profil ist auf Google Maps durchsuchbar. Es bietet potenziellen Kunden hilfreiche Informationen wie Öffnungszeiten, Kontaktmöglichkeiten, beliebte Zeiten und Reservierungslinks.

Bei Google werden Unternehmensprofile mit dem physischen Standort, dem Namen und der Kategorie des Unternehmens verknüpft. Jeder kann einen Standort für ein Unternehmensprofil einreichen, was bedeutet, dass Ihr Unternehmen Sie haben bereits ein Profil. Wenn dies der Fall ist, müssen Sie das Profil beanspruchen und darauf aufbauen. Wenn nicht, müssen Sie eine für Ihr Unternehmen erstellen.

Um ein Profil zu beanspruchen, suchen Sie zunächst auf Google Maps nach Ihrem Unternehmen (über die Adresse oder den Namen). Klicken Sie dann auf "Dieses Profil beanspruchen" und folgen Sie den Anweisungen.

Um ein Profil zu erstellen, gehen Sie zu google.com/business und klicken Sie auf "Jetzt verwalten". Klicken Sie auf "Ihr Unternehmen zu Google hinzufügen" und geben Sie die erforderlichen Informationen ein. Dazu gehören der Firmenname, die

---

[4] *Google-Unternehmensprofil, Proving Ground Waterfront Dining.*

Adresse, der Servicebereich, die Geschäftskategorie und die Kontaktdaten.

Nachdem Sie Ihr Profil erstellt oder beansprucht haben, optimieren Sie es mit den folgenden Schritten, damit es in den Suchmaschinen gut abschneidet:

Logo & Beschreibung. Das sind die Grundlagen. Fügen Sie ein optisch ansprechendes Logo und eine Beschreibung hinzu, die die Aktivitäten und Angebote des Unternehmens abdeckt. Stellen Sie sich die Beschreibung als Elevator Pitch vor: Vermitteln Sie die Idee und das Wertversprechen auf prägnante, grammatikalisch korrekte und algorithmenfreundliche Weise.[5]

Fügen Sie Fotos und Videos hinzu. Visuelle Hilfsmittel verleihen Tiefe, verbessern die Legitimität und erregen Aufmerksamkeit. Fügen Sie Inhalte hinzu, die das Äußere des physischen Geschäftsstandorts (falls vorhanden), das Innere, die angebotenen Produkte oder Dienstleistungen und das Team abdecken.

Kontaktangaben. Fügen Sie Geschäftszeiten und Kontaktinformationen hinzu. Um Anrufe aus dem Unternehmensprofil zu verfolgen, fügen Sie eine eindeutige Nummer hinzu, die nirgendwo anders angezeigt wird.[6]

---

[5] Mit algorithmusfreundlich meine ich, das Geschäft und die Geschäftsaktivitäten mit gängigen Schlüsselwörtern und Sucheinträgen zu beschreiben - nicht die Zeit für große Worte!

[6] Google My Business bietet zwar Analysen zur Anrufzuordnung im Insights-Bericht an, deckt jedoch nur Click-to-Call-Mobilgeräte ab, nicht alle Anrufe, die über diese Nummer getätigt werden

Erwerben und verwalten Sie Bewertungen. Schaffen Sie Anreize für Kunden, eine Bewertung abzugeben, oder bitten Sie Stammgäste und Freunde, Bewertungen abzugeben. Sie sollten mindestens ein paar Dutzend 4,5+ Sterne-Bewertungen zusammenstellen, bevor der soziale Beweis weitgehend erreicht ist. Danach muss es keine Priorität mehr sein, mehr Bewertungen zu erhalten. Nehmen Sie sich außerdem Zeit, um auf positive oder negative Bewertungen zu antworten.

Fügen Sie Produkte und Dienstleistungen hinzu. Dies ist eine dramatisch zu wenig genutzte Funktion, also nutzen Sie sie voll aus. Navigieren Sie im Google My Business-Dashboard im linken Menü zu "Produkte". Auf der Registerkarte "Produkte" können Sie Waren (sowohl physische als auch digitale) und Dienstleistungen direkt zu Ihrem GMB-Profil hinzufügen (Restaurants sollten Angebote unter den beliebten Gerichten und Menüfunktionen hinzufügen, nicht über Produkte). Dies ist ein leistungsstarkes Tool, da gelistete Produkte direkt in den Suchergebnissen platziert werden können und so Kunden in Ihre Richtung geschickt werden, die nicht nur nach Ihrem Unternehmen oder Ihrer Unternehmenskategorie, sondern auch nach bestimmten Produkten suchen. Wenn Sie Produkte und Dienstleistungen auflisten, stellen Sie sicher, dass Ihre Fotos zahlreich und von hoher Qualität sind. Einen Fotografen zu engagieren oder mit einem Hobbyfreund zusammenzuarbeiten, ist es mehr als wert. Versuchen Sie, wie in der Beschreibung des Google-Unternehmensprofils, Keywords in den Produktnamen und die Beschreibung zu integrieren (zu einem vernünftigen Preis Ausdehnung — Überlastung ist kontraproduktiv). Sie haben 1000 Zeichen, um das Produkt zu beschreiben, also nutzen Sie diesen

Platz voll aus. Auch wenn Sie keine Preisinformationen hinzufügen müssen, ist es großartig, dies zu tun, wenn sich Ihre Preise nicht häufig ändern. Wählen Sie schließlich einen Call-to-Action-Button, der zu Ihrem Trichter passt. Wenn Sie online verkaufen, ist die Schaltfläche "Online bestellen" in der Regel am besten, während Sie, wenn Sie nur an einem physischen Ort verkaufen, "Mehr erfahren" oder "Kaufen" der richtige Weg ist (diese Schaltflächen sollten dann auf eine Zielseite weiterleiten, die Kunden dazu ermutigt, sich physisch mit Ihrem Unternehmen zu beschäftigen). Listen Sie mit diesen Tipps Produkte und Dienstleistungen mit dem maximalen Volumen auf, das Ihr Unternehmen zulässt, da mehr Einträge nur dazu dienen, das Ranking zu verbessern und mehr Traffic zu generieren.

Überprüfen Sie regelmäßig die Erkenntnisse. Unter "Analysen" im Google My Business-Dashboard sehen Sie die Sucheinträge, die Kunden eingeben, um Ihr Unternehmensprofil zu finden, die Aktionen, die sie einmal im Profil ausführen, und die relative Leistung der Inhalte im Profil. Überprüfen Sie diese Analysen in regelmäßigen Abständen, um Trends im Kundeninteresse zu erkennen. Verwenden Sie diese Informationen, um Ihr GMB-Profil sowie Ihre größere soziale Präsenz weiter zu optimieren.

Instagram (englisch)

Das Einrichten eines optimierten Instagram-Profils beginnt mit dem Benutzernamen. Wählen Sie einen Benutzernamen und ein Profilbild gemäß den Best-Practice-Richtlinien auf Seite zweiundzwanzig. Wählen Sie eine Kategorie aus, die Ihr Unternehmen repräsentiert, und stellen Sie sicher, dass die Kategorie im Profil auf "Öffentlich" festgelegt ist. Geben Sie auch den vollständigen Namen des Unternehmens oder den Geschäftsslogan in den Abschnitt "Name" ein (insbesondere, wenn der Name zu lang ist, um als Benutzername zu funktionieren) und verlinken Sie die Homepage Ihres Unternehmens im Website-Bereich.

Verwenden Sie die folgende Struktur als Ausgangspunkt für das Schreiben Ihrer Instagram-Beschreibung:

- Beginnen Sie mit ein oder zwei Zeilen, die die Dienstleistungen oder Produkte hervorheben, die Ihr Unternehmen anbietet, und Ihre Zielgruppe identifizieren. Machen Sie dies nicht zu lang oder wortreich: Konzentrieren Sie sich auf Einfachheit und Klarheit.
- Fügen Sie einen Call-to-Action hinzu, der aus Ihrer digitalen Strategie abgeleitet ist. Versuchen Sie, soziale Zuschauer und Follower auf Ihre Website zu bringen? Versuchen Sie, sie dazu zu bringen, einen Anruf mit Ihnen zu vereinbaren oder den physischen Standort Ihres Unternehmens zu besuchen? Was auch immer es ist, verwenden Sie diese

Zeile, um die Zuschauer anzuregen oder aufzufordern, diesen Weg einzuschlagen.

- Wenn Sie in Kürze eine Sonderaktion, ein Angebot oder ein neues Produkt / eine neue Dienstleistung auf den Markt bringen, sollten Sie dies als Zeile in die Biografie aufnehmen.
- Integrieren Sie auf der ganzen Linie Emojis, um Farbe und Schwung hinzuzufügen, und integrieren Sie Schlüsselwörter, die Ihr Unternehmen und seine Angebote beschreiben.

Beachten Sie die folgenden Dos und Do-Nots:

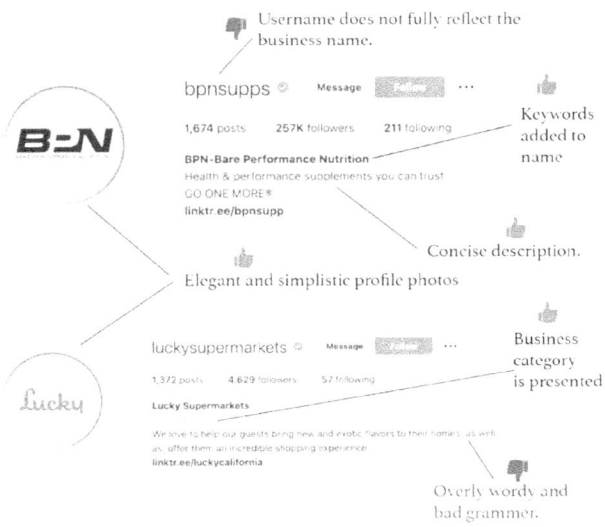

---

[7] *Instagram: B&N Supplements, Lucky's Markets.*

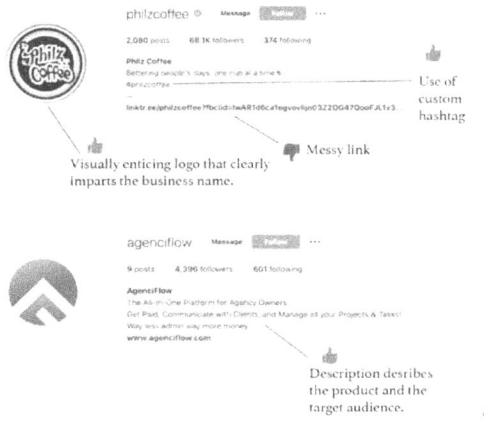

philzcoffee

2,080 posts 68.1K followers 374 following

Philz Coffee
Bettering people's days, one cup at a time ☕
#philzcoffee

linktr.ee/philzcoffee?fbclid=IwAR1d6ca1egvov4jn03Z2DG47QooFJLtv3...

Use of custom hashtag

Messy link

Visually enticing logo that clearly imparts the business name.

---

agenciflow

9 posts 4,396 followers 601 following

AgenciFlow
The All-in-One Platform for Agency Owners
Get Paid, Communicate with Clients, and Manage all your Projects & Tasks!
Way less admin way more money
www.agenciflow.com

Description desribes the product and the target audience.

8

bayclubs

3,328 posts 23.6K followers 1,659 following

High folllowing count.

The Bay Club
Sports, fitness & family-friendly amenities
22 clubs from Portland to San Diego
Find the membership for you ⇘
linkin.bio/bayclubs

No business category.

Call to action.

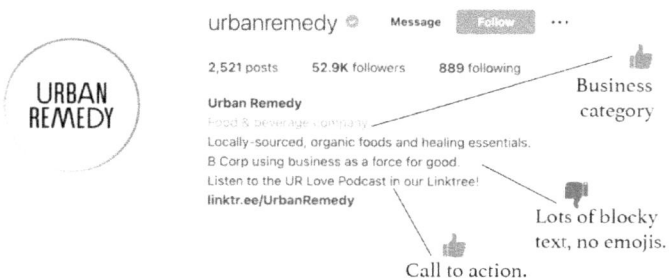

urbanremedy

2,521 posts 52.9K followers 889 following

Business category

Urban Remedy
Food & beverage company
Locally-sourced, organic foods and healing essentials.
B Corp using business as a force for good.
Listen to the UR Love Podcast in our Linktree!
linktr.ee/UrbanRemedy

Lots of blocky text, no emojis.

Call to action.

9

---

8 *Instagram: Philz Coffee, AgenciFlow.*
9 *Instagram: Bay Club, Urban Remedy.*

Sobald Ihre Biografie fertig ist, navigieren Sie zu den Einstellungen > Kontos > wechseln Sie zum professionellen Konto. Dadurch wird Ihre Instagram-Seite von einem persönlichen auf ein geschäftliches Konto übertragen und Sie können sich mit dem zugehörigen Facebook-Konto Ihres Unternehmens verbinden. Geschäftskonten auf Instagram haben Zugriff auf Post- und Follower-Insights, Werbeaktionen und Profilkontaktoptionen.

Sobald die Seite zu einem professionellen Konto migriert wurde, fügen Sie Ihrem Profil Kontaktoptionen hinzu. Fügen Sie am besten eine Telefonnummer, eine E-Mail-Adresse und eine Wegbeschreibung zu Ihrem physischen Standort hinzu (falls dies auf Ihr Unternehmen zutrifft). Diese Kontaktmöglichkeiten sind ein wichtiger Schritt, um Social Viewer und Follower auf Instagram in Kunden umzuwandeln.

Zu diesem Zeitpunkt sollte das Instagram-Profil Ihres Unternehmens Folgendes enthalten:

- Nutzername.
- Prägnantes und optisch ansprechendes Profilfoto.
- Business-Kategorie.
- Firmenname oder Slogan (Namenszeile).
- Beschreibung, die das Unternehmen und die damit verbundenen Angebote vorstellt, die Zielgruppe angibt und einen Call-to-Action darstellt.
- Umwandlung in ein professionelles Konto.
- Kontaktmöglichkeiten.

Der größte Teil Ihrer Arbeit wird in Bezug auf die tatsächliche Profileinrichtung erledigt. Wenn Sie jedoch gerade ein Konto eröffnen, ist es eine zusätzliche bewährte Methode, ein paar einleitende Beiträge zu erstellen – dies stellt sicher, dass Sie nicht bei null Beiträgen beginnen, wenn Sie das Konto teilen. Diese sollten eine Basisschicht von Informationen und Inhalten zu Ihrem Unternehmen bieten, wie z. B. den physischen Standort (falls vorhanden), das Team oder die Gründer, die Website, ein gut aussehendes Foliendeck oder eine Veranstaltung. Veröffentlichen Sie mindestens drei Beiträge dieser Art (Karussells sind am besten, aber nicht zwingend erforderlich) in Übereinstimmung mit der Profilerstellung.[10] Sobald Sie fertig sind, ist Ihr geschäftliches Instagram-Profil bereit für die Welt.

Anmelden

LinkedIn ist das Social-Media-Netzwerk für Profis. LinkedIn ist zwar für seine Beliebtheit in der Tech-Community bekannt, erreicht aber eine riesige Community von über 800 Millionen Mitgliedern und 58 Millionen registrierten Unternehmen. HubSpot fand heraus, dass LinkedIn bei der Generierung von Leads 277 % effektiver ist als Facebook und Twitter, während 80 % der B2B-Leads von LinkedIn stammen – aus all diesen und vielen weiteren Gründen ist LinkedIn

---

[10] Karussells beziehen sich auf Instagram-Posts, die mehr als ein Foto enthalten.

ein leistungsstarkes Networking- und Marketing-Tool nicht nur für Ihre persönliche Marke, sondern auch für Ihr Unternehmen.[11]

Unternehmen auf LinkedIn können eine Unternehmensseite erstellen, um für ihre Produkte oder Dienstleistungen zu werben, Inhalte zu veröffentlichen und zu teilen, B2B-Möglichkeiten zu identifizieren, die Suchpräsenz zu erhöhen und Bewerber zu identifizieren.[12]

Um eine LinkedIn-Unternehmensseite zu erstellen, müssen Sie die folgenden Anforderungen erfüllen:

- Pflegen Sie mindestens sieben Tage lang ein persönliches LinkedIn-Profil, verbinden Sie sich mit Mitarbeitern und erhalten Sie eine Profilstärke von mindestens "mittel".

- Pflegen Sie eine Unternehmenswebsite und eine E-Mail-Adresse und geben Sie sich als aktueller Mitarbeiter Ihres Unternehmens im Abschnitt "Erfahrung" Ihres LinkedIn-Profils an.

Klicken Sie dann auf das Symbol "Arbeit" in der oberen rechten Ecke Ihres LinkedIn-Dashboards und klicken Sie auf die Schaltfläche

---

[11] HubSpot bezifferte die Visit-to-Lead-Conversion-Rate von LinkedIn auf 2,74 % gegenüber 0,77 % für Facebook und 0,69 % für Twitter.

[12] Vor allem durch LinkedIn Showcase-Seiten, die eine Erweiterung von LinkedIn-Geschäftsseiten sind, die eine bestimmte Marke oder ein bestimmtes Produkt hervorheben und bewerben.

"Unternehmensseite erstellen". Wählen Sie "Kleinunternehmen", füllen Sie das Unternehmensprofil aus und klicken Sie auf "Seite erstellen". Um die Seite vollständig zu optimieren, führen Sie die folgenden zusätzlichen Schritte aus:

- Fügen Sie ein individuelles Titelbild hinzu (1584px x 396px). Dieses Bild sollte sich auf ein Kernelement oder Ihr Unternehmen oder Produkt konzentrieren und darauf abzielen, ablenkende Elemente zu minimieren.

- Schreiben Sie im Abschnitt "Über" eine Zusammenfassung, in der die Geschichte und die Produkte oder Dienstleistungen Ihres Unternehmens klar beschrieben werden. Bauen Sie Keywords (wie immer in angemessenem Umfang) in die Zusammenfassung ein.

- Wenn Sie Mitarbeiter haben, stellen Sie sicher, dass diese über persönliche LinkedIn-Profile verfügen, und geben Sie Ihr Unternehmen als Arbeitsplatz an. Stellen Sie sicher, dass Sie Ihrer Website eine Schaltfläche "Folgen Sie uns auf LinkedIn" hinzufügen.

- Wenn Sie Mitarbeiter einstellen möchten (oder sich jemals in einer solchen Situation befinden), können Sie Mitarbeiter über eine Karriereseite gewinnen, die potenziellen Kandidaten Ihre Unternehmensgeschichte, Werte und Stellenangebote vorstellt. Dafür kann ich persönlich bürgen – ich habe meinen allerersten Job über LinkedIn gefunden.

- Erstellen Sie LinkedIn-Gruppen und treten Sie ihnen bei. Erwägen Sie, eine LinkedIn-Gruppe für Ihr Unternehmen oder ein Thema zu erstellen, das sich auf das Unternehmen bezieht.

- Nutzen Sie die Tracking- und Analysetools in LinkedIn, vor allem die Unternehmensseitenanalyse, um herauszufinden, wie Follower mit Ihrer Seite und Ihren Inhalten interagieren (und um demografische Informationen zu sammeln).

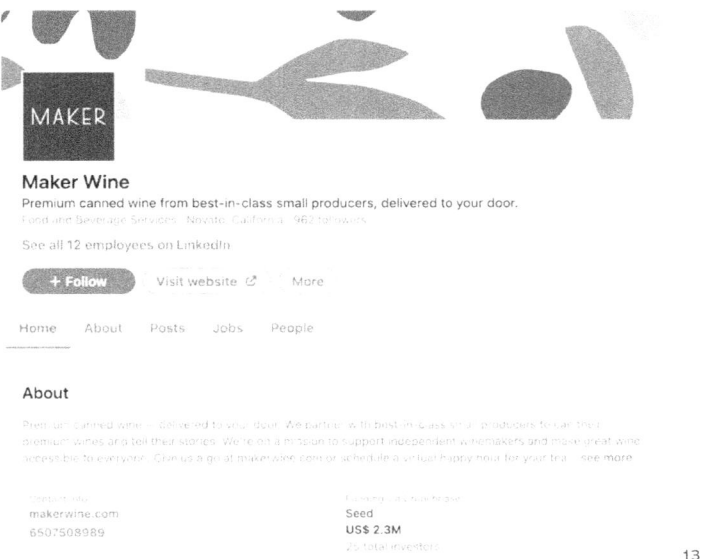

Beachten Sie, dass das Profil eine ausführliche Beschreibung. Kontaktinformationen und sozial sichere Finanzierungsstatistiken enthält.

Diese Schritte stellen sicher, dass Ihr Unternehmen in den wichtigsten Suchmaschinen und auf LinkedIn organisch platziert wird. Um mit Fachleuten und Unternehmen innerhalb des LinkedIn-Ökosystems in Kontakt zu treten, neue Veranstaltungen oder Angebote bekannt zu machen, mit aktuellen Kunden in Kontakt zu

---

[13] *LinkedIn: Maker Wine*

bleiben und den Traffic über den Trichter zu lenken, ist es am besten, regelmäßig Inhalte auf LinkedIn zu veröffentlichen.

Wenn Sie bereits einen Blog auf Ihrer Website haben, können Sie Inhalte ganz einfach wiederverwenden, um sie auf LinkedIn zu veröffentlichen. Wenn nicht, kann es eine gute Idee sein

um Inhalte selbst zu erstellen, die Erstellung von Inhalten auszulagern oder mit einem Praktikanten oder einer anderen kostengünstigen Lösung zusammenzuarbeiten, um sympathische Inhalte zu generieren. Während wir in weiteren Abschnitten mehr auf die Kunst der Erstellung von Inhalten mit minimiertem Aufwand und maximiertem Ergebnis eingehen werden, behalten Sie diese Ideen vorerst im Hinterkopf.

Alles in allem ist LinkedIn die praktische Voraussetzung für moderne Unternehmen mit digitaler Präsenz. Während Sie das auf LinkedIn verfügbare professionelle Netzwerk nutzen, sollten Sie sich nicht auf die Top-Line-LinkedIn-Metriken als Basismaßstab für den Erfolg (Aufrufe, Follower usw.) konzentrieren, sondern auf das Ausmaß, in dem Sie die Zuschauer in Ihr Unternehmen einführen, weitere Verbindungen knüpfen und langfristige Kunden gewinnen können.

Auf Facebook teilen

Facebook ist in fast jeder Hinsicht die größte Social-Media-Plattform der Welt – mit 2,91 Milliarden monatlich aktiven Nutzern ist Facebook ein Muss für Unternehmen jeder Größe. Die Etablierung Ihres Unternehmens auf Facebook beginnt mit einer Facebook-Seite, die notwendig ist, um Werbung zu schalten und den Nutzen zu nutzen, der sich aus der Anhäufung von Community und sozialer Präsenz ergibt. Facebook-Unternehmensseiten sind mit persönlichen Facebook-Konten verbunden. Sobald Sie sich in Ihrem Konto angemeldet haben, besuchen Sie facebook.com/pages/creation, um eine Unternehmensseite einzurichten. Fügen Sie den Seitennamen (den Namen Ihres Unternehmens) und die Titelbilder hinzu. Füllen Sie den Abschritt "Info" mit Ihren Geschäftsdaten und Ihrer Adresse, Ihren Kontaktinformationen, Ihrer Website und Ihren Öffnungszeiten aus. Die folgenden Abschnitte bilden Ihre neue Unternehmensseite:

Community: Dieser Bereich ist in der Regel nach der Homepage an zweiter Stelle im Traffic und ist der Ort, an dem Beiträge sowie Foto- und Videoinhalte angezeigt werden oben. Diese Inhalte können von Kunden erstellt werden, nicht nur von den Seitenadministratoren, und bieten die Möglichkeit, direkt mit Kunden zu interagieren.

Veranstaltungen: Der Veranstaltungsbereich bietet Ihnen Raum, um bevorstehende Firmen- oder Community-Events zu präsentieren und zu bewerben. Sie können auch Personen zu einmal erstellten Veranstaltungen einladen.

Bewertungen: Auf dieser Registerkarte können Kunden Bewertungen zu Ihrem Unternehmen und Ihrer Dienstleistung abgeben. Obwohl Sie die Registerkarte "Bewertungen" ausblenden können, werden diese Bewertungen oben auf Ihrer Seite angezeigt, und gute Bewertungen sind ein starker Indikator für soziale Beweise.

Dienstleistungen: Sie können diesen Abschnitt ausfüllen, um Informationen zu den Dienstleistungen bereitzustellen, die Ihr Unternehmen anbietet. Dazu gehören auch Preisinformationen.

Shop: Unter der Registerkarte Shop können Sie E-Commerce betreiben, indem Sie Ihre Produkte direkt auflisten. Kunden können direkt von der Seite aus einkaufen und Verkäufe werden direkt auf Ihr Bankkonto überwiesen, um einen einfachen Einstieg in den E-Commerce zu ermöglichen.

Angebote: In diesem Abschnitt können Sie Sonderangebote oder Rabatte veröffentlichen und eine großartige Möglichkeit bieten, sich auf Ihrer Seite zu engagieren, da Kunden einen Anreiz haben, Angebote zu ergattern, sobald sie auftauchen.

Stellen Sie sicher, dass Sie Abschnitte ausfüllen, die zu Ihrem Trichter und Ihrer digitalen Strategie passen – wenn Ihr Unternehmen beispielsweise davon profitieren kann, seinen Kunden E-Commerce anzubieten, werden Sie die Facebook-Shop-Seite stärker nutzen als beispielsweise einen Friseursalon. Erweitern Sie Ihre Seite organisch durch Inhalte und so viel wie möglich mit Kunden in Kontakt treten.

Der Nutzen von Facebook, der über die Möglichkeit hinausgeht, eine Community zu erstellen und zu verwalten, stammt aus Facebook- und Instagram-Anzeigen. Beides sind leistungsstarke Tools, um Inhalte in großem Umfang an warme Benutzer (z. B. Personen in Ihrer geografischen Community oder diejenigen, die Ihre Produkte oder Dienstleistungen am ehesten wünschen) zu senden.[14] Wir werden jetzt eine Diskussion über diese Tools auslassen, da sie in Kapitel 8 auftaucht.

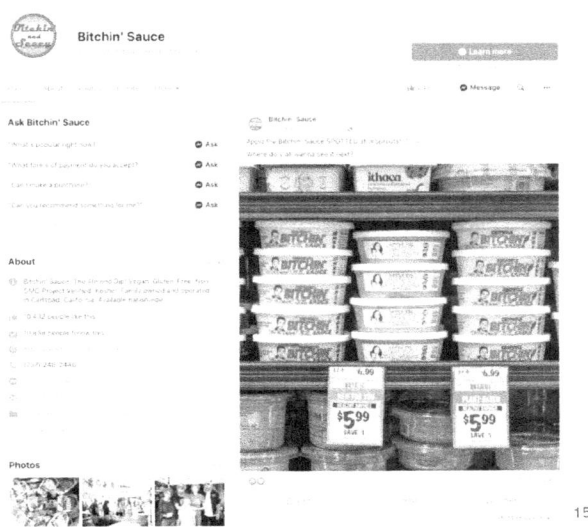

15

Beachten Sie, wie @TheAlmondDip sein Publikum durch Fragen anspricht, sein Profil ausfüllt und regelmäßig Inhalte teilt.

---

[14] Tatsächlich bewerben 75% der Marken ihre Facebook-Posts laut Brandwatch.

[15] *LinkedIn: Bitchin' Sauce*

Pinterest (Englisch)

Pinterest-Geschäftskonten bieten Analysen, Anzeigenoptionen, verschiedene Inhaltstypen und frühzeitigen Zugriff auf neue Funktionen. Um ein geschäftliches Pinterest-Konto zu erstellen, navigieren Sie zu business.pinterest.com. Füllen Sie die Grundeinstellungen aus und bestätigen Sie die Website Ihres Unternehmens. Auf diese Weise können Sie die Inhalte verfolgen, die Personen von Ihrer Website anheften, und auf weitere plattformübergreifende Analysen zugreifen. Verbinden Sie schließlich Ihre anderen sozialen Konten mit dem Pinterest-Profil, das das plattformübergreifende Teilen von Inhalten erleichtert, und erwägen Sie, einige erste Boards (sowie käufliche Pins, je nach Unternehmen) zu erstellen.

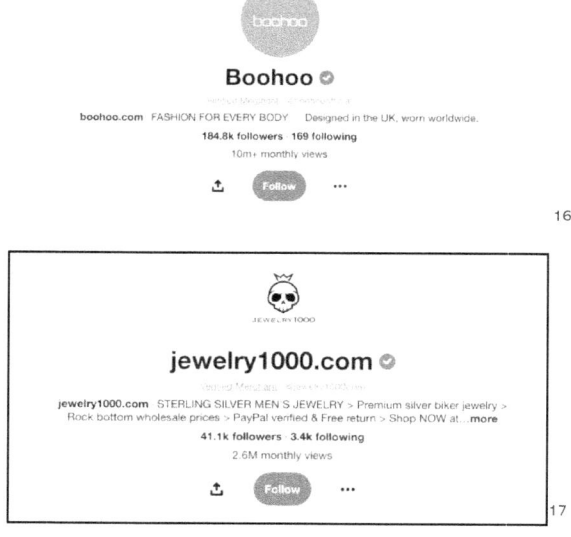

16

17

---

[16] *Pinterest: Boohoo*

[17] *Pinterest: jewelry1000.com*

Youtube-Videos

Bei YouTube geht es viel mehr um richtiges Videodesign als um Profildesign. Dennoch sind die Grundlagen wichtig. Wenn Sie einen YouTube-Kanal für Unternehmen einrichten, melden Sie sich zunächst über das mit Ihrem Unternehmen verknüpfte Gmail-Konto bei YouTube an. Klicken Sie dann in den Dropdown-Optionen unter dem Symbol in der oberen rechten Ecke des Bildschirms auf "Mein Kanal". Klicken Sie unten links auf "Unternehmen oder einen anderen Namen verwenden" und folgen Sie den Anweisungen, um ein Markenkonto zu erstellen.

Sobald das Markenkonto eingerichtet ist, füllen Sie das Profil über das Kanalsymbol, das einem Profilfoto entspricht, und das Kanalbild (z. B. das Bannerbild) aus. [18] Füllen Sie dann die Kanalbeschreibung aus – dieser About-Bereich bietet viel mehr Platz als andere Plattformen, also erwägen Sie, den "About"-Text von der Website Ihres Unternehmens zu kopieren oder den Bio-Text zu erweitern, der von einem anderen Profil des Unternehmens abgeleitet wurde. Sie können in diesem Abschnitt auch eine Vielzahl von Links hinzufügen. Stellen Sie sicher, dass Sie Ihre Website, Ihr Google-Unternehmensprofil und alle anderen Links verlinken, die Sie für Ihr Unternehmen und Ihren Trichter als wesentlich erachten. Beachten Sie, dass Social-Media-Konten mit dem Banner auf der Startseite Ihres Kanals verknüpft werden, um die Sichtbarkeit zu erhöhen.

---

[18] Kanalsymbole und Banner haben eine Größe von 800 x 800 bzw. 1546 x 423 Pixeln.

Beachten Sie schließlich, dass YouTube auf der Startseite Ihres Kanals Platz für einen "Kanaltrailer" bietet. Dies ist das Video, das neuen Zuschauern auf Ihrer Seite angezeigt wird. Es ist am besten, diesen Trailer vor der Veröffentlichung anderer Inhalte einzurichten, um maximale Conversions zu gewährleisten. Versuchen Sie, dieses Video interessant zu gestalten. Betrachten Sie es als ersten Eindruck. Auf diese Weise, im Gegensatz zu einer einfachen Einführung in die Website Ihres Unternehmens,

Service oder Standort, erwägen Sie eine exemplarische Vorgehensweise durch Ihren physischen Standort (falls vorhanden), ein Interview mit Teammitgliedern, einen Vlog über den Lebensalltag eines CEO oder ähnliches. Ein ansprechender Kanaltrailer, auch wenn Sie nicht regelmäßig Inhalte auf YouTube produzieren, trägt wesentlich dazu bei, Ihre YouTube-Seite als Knotenpunkt in Ihrer größeren sozialen Präsenz zu bewerben.[19]

Beachten Sie in den folgenden Beispielen die Verwendung des Kanalsymbols und des Artworks, die Social- und Website-Links unten rechts im Artwork-Banner und den ansprechenden Kanaltrailer.

---

[19] Außerdem richtest du Playlists und verschiedene Kanalbereiche ein, wenn dein Unternehmen mit der Erstellung von Inhalten auf YouTube beginnt.

20

21

22

TikTok (Englisch)

TikTok ist einfach in Bezug auf die Profileinrichtung. Wählen Sie einfach einen Benutzernamen und ein Profilfoto in Übereinstimmung mit den von nun an festgelegten Best Practices für Benutzernamen/Profilfotos und schreiben Sie eine Biografie mit weniger als 80 Zeichen, in der Sie Ihr Unternehmen vorstellen. Dies muss kurz und knackig sein - es gibt nicht einmal Platz für eine Beschreibung im Instagram-Stil. Fügen Sie Emojis hinzu und beachten Sie, dass die Keyword-Platzierung völlig irrelevant ist. Erwägen Sie, einen Call-to-Action in Form eines Bio-Links (Website, Produkt-/Serviceseite oder benutzerdefinierte Zielseite ist am besten) und eines Slogans wie "Angebot unten" oder "Instagram" einzufügen. Verwenden Sie ein paar Abwärtspfeile als letzte Zeile des Biotextes. Stellen Sie schließlich sicher, dass Sie das Profil von einem persönlichen Konto zu einem TikTok-Geschäftskonto wechseln. Dies ermöglicht Analysen, eine E-Mail-Kontaktschaltfläche und die Implementierung von Website-Links.

bitchinsauce

BITCHIN' SAUCE

Follow

38 Following **15.9K** Followers **11.7K** Likes

The Almond Dip!
Family owned & operated in Carlsbad, California.

bitchinsauce.com

tomocredit

Tomo

Follow

74 Following **1094** Followers **46.6K** Likes

$0 Fees
$319+ In benefits from DoorDash, Lyft & more
Apply now 🪙 in minutes! 🎀

tomo.credit/tiktok

yahoofinance

Yahoo Finance

Follow

30 Following **312.1K** Followers **6.9M** Likes

Yes, we still exist 😅 & we're the biggest business platform on the planet. 🌎

finance.yahoo.com/?ncid=tikt...

Tiktok: Bitchin' Sauce, TomoCredit, Yahoo Finanzen

Zwitschern

Der Aufbau einer Präsenz auf Twitter ist ähnlich minimalistisch; Wählen Sie einfach einen Benutzernamen und fügen Sie ein Profilfoto, eine Header-Grafik, einen Standort, eine Biografie und eine Website ein. Halten Sie die Biografie kurz; Eingeworfener Humor ist auf der Plattform üblich (beachten Sie das zweite Profil unten).

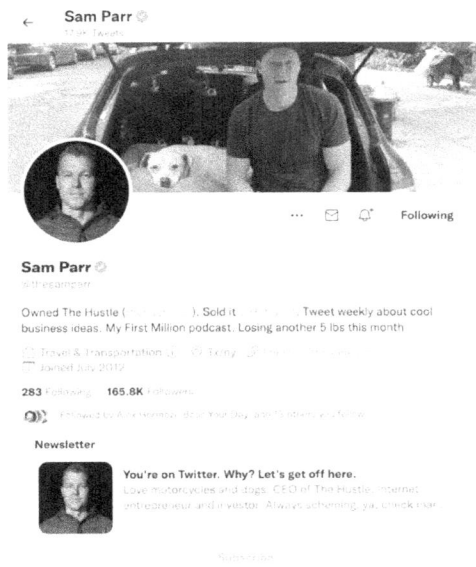

24   25

Twitter rundet unseren Blick auf die Erstellung von Social-Media-Profilen für Ihr Unternehmen ab. Nach Abschluss der vorherigen Schritte verfügt Ihr Unternehmen über eine dynamische soziale Präsenz, die alle wichtigen Medienplattformen abdeckt. Ihr Unternehmen wird in allen Suchmaschinen und auf den sozialen Plattformen, auf denen Sie präsent sind, ein soziales Ranking einnehmen.

Daraus ergeben sich inhärente Vorteile: mehr Sichtbarkeit führt zu mehr Kunden. Der Aufbau einer sozialen Präsenz ist jedoch nur der erste Schritt einer intelligenten digitalen Strategie – die Erstellung von sozialen Inhalten und Werbung in sozialen Medien rundet eine Strategie ab, die darauf abzielt, eine Skalierung zu ermöglichen und zu fördern, die weit über das hinausgeht, was allein durch die Aufrechterhaltung einer sozialen Präsenz möglich ist. Die nächsten Teile dieses Buches werden sich auf diese Imperative konzentrieren: zuerst auf den Aufbau von Zielgruppen (entspricht dem Konzept organischem Marketing), dann auf bezahltes digitales Marketing und schließlich auf Grassroots-Marketingstrategien, die

---

[24] *Twitter: Sam Parr*

[25] *Twitter: Shaan Puri*

soziale Netzwerke auf ungewöhnliche, aber bemerkenswert effektive Weise nutzen.

Aufbau eines Publikums

Und Die Etablierung Ihrer digitalen Präsenz ist ein wirkungsvoller erster Schritt, um die Präsenz zu gewährleisten und mehr Kunden zu gewinnen. Es gibt jedoch nur so viel, was Ihre Profile tun können: Um Ihr Geschäft mit digitalen Mitteln massiv auszubauen, können zwei Wege beschritten werden.

Diese beiden Wege sind Publikumsaufbau und Werbung, die im Wesentlichen als "organisches Marketing" im Gegensatz zu "bezahltem Marketing" betrachtet werden können. Während beide erfordern Mit viel Zeit und Mühe greifen sie das Problem des Online-Wachstums Ihres Unternehmens aus verschiedenen Blickwinkeln an. Beim organischen Marketing geht es darum, großartige Inhalte zu erstellen, mit denen sich die Menschen beschäftigen. Wenn Sie es schaffen, ist es eine geringe Investition und hat praktisch unbegrenzte Skalierung.

Bezahlte Werbung ist stabiler und bietet kurzfristige Renditen, bietet jedoch selten asymmetrische oder unerwartete Renditen und erfordert je nachdem, wie Sie sich dafür entscheiden, in der Regel eine höhere Investition.

In diesem Abschnitt untersuchen wir den Aufbau von Zielgruppen als Weg zum Online-Wachstum Ihres Unternehmens. Ich persönlich glaube mehr an diese Strategie als an Werbung - es ist ein kreatives und unterhaltsames Unterfangen (wenn es richtig gemacht wird), und eines, das ich gesehen habe, hat das Spiel für viele kleine Unternehmen, darunter einige von mir, auf kostengünstige Weise völlig verändert.

Der Aufbau eines Online-Publikums erfolgt über Social-Media-Apps. Unsere Definition von "Social Media" ist liberal – E-Mail zum Beispiel ist ein soziales Medium, ebenso wie Text. Unabhängig von der jeweiligen App erfordert der Aufbau von Zielgruppen die Erstellung von Inhalten: Durch die Veröffentlichung von Inhalten, die Menschen genießen, konsumieren und in der Welt teilen, können diese Inhalte Verbraucher, die sonst nie von Ihrem Unternehmen gehört hätten, zu Ihren Produkten und Dienstleistungen führen. Beziehen Sie sich auf einer hohen Ebene auf die vier Arten von Inhalten, die Sie erstellen können (Seite fünfzehn), und Ihre Social-Media-Strategie sollte einige oder alle dieser Typen enthalten.

Es ist am besten, ein Publikum aufzubauen, das über die folgenden Plattformen in Einnahmen und andere KPIs umwandelt. Denken Sie daran, dass Inhalte auf mehreren Plattformen geteilt werden können – zum Beispiel kann ein Blogbeitrag auf Ihrer Website, Facebook-Seite, LinkedIn-Konto und E-Mail-Liste geteilt und dann als Story auf Instagram geteilt werden. Wir werden später auf diesen Prozess eingehen:

- **Website:** Es ist wichtig, eine E-Mail-Liste über Ihre Website zu erstellen und eine Art Newsletter oder Blog zu erstellen.
- **Instagram:** eine Voraussetzung für den Aufbau von Zielgruppen und die Erstellung von Inhalten.
- **Facebook:** Ebenso ein großartiger Ort, um mit Ihrer Community in Kontakt zu treten und alle Arten von Inhalten zu teilen.

- **LinkedIn**: LinkedIn kann sehr lukrativ und eine günstige Plattform sein, um schriftliche Inhalte aus einem Blog oder Newsletter erneut zu teilen.
- **TikTok:** Nein, es ist nicht nur für die Kinder. TikTok ist hochgradig skalierbar und durch Kurzvideos relativ einfach zu gewinnen.

Wir haben also die Arten von Inhalten, die Sie erstellen könnten, um ein Publikum aufzubauen, und die Plattformen, auf denen Sie sie veröffentlichen könnten. Bevor Sie zu den genauen Strategien und Prozessen übergehen, die für die Erstellung von Inhalten unerlässlich sind, denken Sie an die Plattformen zurück, die Sie als für Ihr Unternehmen am wertvollsten identifiziert haben. Das war die Hälfte des Puzzles – Sie können diese Informationen jetzt mit den Arten von Inhalten verknüpfen, die für jede Plattform am besten geeignet sind.

Sagen Sie Ihre Social-Media-Strategie Ihre Website, Facebook und LinkedIn als die wichtigsten Medien identifiziert haben, auf denen sich Ihr Unternehmen etablieren wird. Die primären Inhaltstypen, die für diese Sammlung von Plattformen beschrieben werden, sind Langformtexte, wie z. B. ein Blog, sowie einige Videos, um Ihr Unternehmen auf der Website und der Facebook-Seite vorzustellen. In dieser Hypothese haben Sie jetzt eine klare Vorstellung davon, wie Sie Ihr Publikum aufbauen werden – indem Sie ein paar hochwertige Videos erstellen, die Sie auf allen Plattformen veröffentlichen können, um Kunden Ihre Marke und Ihre Angebote vorzustellen, und dann regelmäßig schriftliche Inhalte erstellen, die Sie an Ihre E-Mail-Liste, Website, Ihr Facebook-Profil und Ihr LinkedIn-Profil weitergeben können.

Dies ist der Denkprozess, den Sie durchlaufen sollten um eine klare Vorstellung davon zu bekommen, wie sich Ihr Unternehmen ein Online-Publikum und einen Kundenstamm aufbauen wird.

Wir werden uns nun mit Best Practices befassen für die Erstellung von Inhalten und den Aufbau eines Publikums auf allen bisher identifizierten sozialen Plattformen. Fühlen Sie sich frei, nur über die Plattformen zu lesen, die Sie tatsächlich nutzen werden, oder alles, was darüber hinausgeht, je nach Ihrem Interesse, und um das Verständnis des allgemeinen sozialen Publikumsaufbaus zu unterstützen.

Erstellen und Optimieren einer Website

Wir beginnen mit einem zugegebenermaßen größeren Thema als dem Aufbau eines Publikums. Wir werden nicht nur untersuchen, wie man ein Publikum vergrößert und dieses Publikum durch E-Mail-Marketing und Bloggen in Kunden verwandelt, sondern auch, wie man überhaupt eine Website einrichtet, sowie Best Practices für die Website-Entwicklung und SEO (Suchmaschinenoptimierung, die sich darauf bezieht, wie gut Ihre Website in Browsern wie Chrome rankt).

Sie können sich zwar dafür entscheiden, die Website-Entwicklung auszulagern, wenn Sie dies nicht getan haben Wenn Sie bereits eine Website haben, können Sie über Grundkenntnisse über die Funktionsweise Ihrer Website verfügen.

Das Erstellen einer No-Code-Website besteht aus der Domain, dem Website-Builder und dem Hosting-Plan. Die Domain ist die URL Ihrer Website, z. B. mybusiness.com oder mybusiness.org. Der Website-Builder ist das Framework, mit dem Sie Ihre Website bearbeiten können, wie die Einstellungen eines Computers. Hosting ist der Server, auf dem die Daten der Website gespeichert werden.

Gott sei DankDer Prozess zum Einrichten von Domain, Hosting und einer Website ist heutzutage ziemlich einfach und billig.

Beginnen Sie damit, zu GoDaddy in godaddy.com zu gehen. Hier können Sie nach der Domain suchen, die Sie für die Website Ihres Unternehmens wünschen.

"Yourbusinessname.com" ist die beste Wahl. Wenn es sich um einen gebräuchlichen Namen handelt, müssen Sie sich möglicherweise für .co, .org oder ähnliches entscheiden. Sobald Sie eine verfügbare Domain identifiziert haben, können Sie das Hosting einrichten.

Meiner Erfahrung nach ist WordPress ist der beste "Website-Builder" für kleine Unternehmen. Fast 70% des Internets läuft auf WordPress, und es ermöglicht eine nahezu vollständige Kontrolle über eine Website sowie eine breite Palette von Add-On-Funktionen. Andere beliebte Website-Builder wie Squarespace, Wix und Weebly bieten eine äußerst begrenzte Auswahl an Tools.[26]

Um WordPress-Hosting einzurichten, haben Sie einige Möglichkeiten: GoDaddy startet WordPress-Hosting-Pläne für 6.99 USD pro Monat (Domain nicht enthalten), während BlueHost

---

[26] Im Gegenzug vereinfachen sie den Einrichtungsprozess der Website. WordPress ermöglicht jedoch auch die Integration von einfachen Drag-and-Drop-Buildern (wie Elementor). Wenn Sie nach einer ultra-simplen Option suchen, entscheiden Sie sich für Squarespace, Wix oder Weebly, wissen Sie nur, dass dies auf lange Sicht im Allgemeinen die schlechtere Option ist.

(bluehost.com) einen WordPress-Hosting-Plan für 2.99 USD anbietet. GoDaddy hat eine etwas einfachere Benutzeroberfläche, aber ansonsten sind die beiden Dienste nahezu identisch.

Für welchen Service Sie sich auch entscheiden, stellen Sie sicher, dass Sie die Domain über diesen Anbieter kaufen. Sie können eine Domain und einen Domain- und Hosting-Plan unter den folgenden Links bündeln oder einzeln erwerben (stellen Sie nur sicher, dass Sie beim Einrichten des Hosting-Pakets die richtige Domain auswählen und keine neue kaufen).

godaddy.com/en-in/hosting/WordPress-hosting

bluehost.com/WordPress

Stellen Sie bei beiden Diensten sicher, dass SSL (Secure Sockets Layer) aktiviert ist, das die Site-Sperre anhängt, die bei jedem Besuch einer verifizierten Website vorhanden ist.

🔒 google.com

Nachdem Ihre Domain und Ihr Hosting-Plan eingerichtet sind, können Sie mit dem Erstellen Ihrer Website in WordPress beginnen. Ob in GoDaddy oder Bluehost, gehen Sie zu den Produktmenüs und klicken Sie auf "Meine Website bearbeiten" oder eine Variation davon.

Sie befinden sich im WordPress-Dashboard, das in etwa so aussieht:

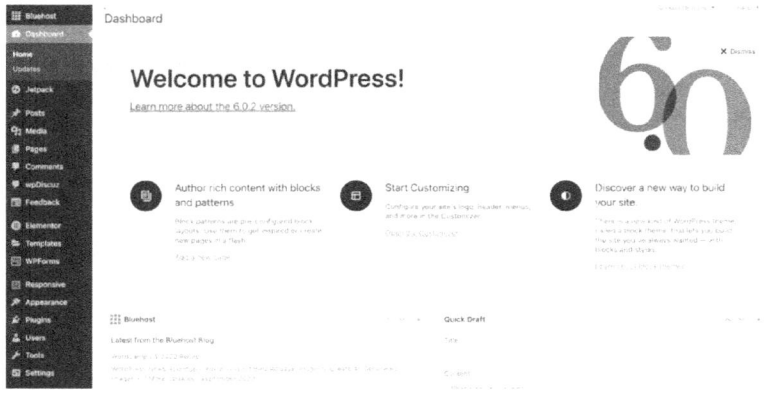

Es kann auf den ersten Blick ein wenig einschüchternd sein, also lassen Sie uns das Menü ganz links auf dem Bildschirm aufschlüsseln:

- **Beiträge** sind der Ort, an dem Sie Inhalte erstellen und veröffentlichen können.
- **Medien** sind der Ort, an dem Fotos, Videos und Dokumente gespeichert werden, die auf die Website hochgeladen werden.
- **Auf Seiten** können Sie den Inhalt (z. B. Layout und Wörter) jedes Teils (z. B. Startseite, Info-Seite usw.) der Website verwalten.
- **Im Erscheinungsbild** können Sie das Website-Design festlegen, die Struktur verwalten und das Aussehen anpassen.

---

[27] *Wordpress.org*

- **In Plugins** finden Sie eine ganze Bibliothek mit Add-Ons, mit denen Sie Ihrer Website Funktionen hinzufügen können.
- **Mit Benutzern** können Sie die Personen verwalten, die Konten auf Ihrer Website haben, vom Administrator bis zum Kunden.
- **Mit den Einstellungen** können Sie einige allgemeine Facetten und Stilelemente Ihrer Website verwalten.

Ihre Website ist derzeit nicht veröffentlicht. Um es für die Veröffentlichung vorzubereiten, wählen Sie zunächst ein visuelles Erscheinungsbild für die Website. Navigieren Sie zum Erscheinungsbild > Themen und wählen Sie ein Thema aus (einfach ist besser für den Anfang), von dem Sie glauben, dass es Ihre Marke und Ihr Unternehmen repräsentiert. Sie können auch die besten Themen für Ihre Art von Unternehmen googeln, um Alternativen zu finden, die nicht im integrierten Store enthalten sind.

Navigieren Sie dann zum Erscheinungsbild > passen Sie die Website-Identität, die globalen Einstellungen, die Fußzeile, die Seitenleiste und die Kopfzeile nach Ihren Wünschen an und legen Sie sie fest. So erstellen Sie eine neue SeiteEs auf der Website, alle Seiten bearbeiten oder neu installierte Seiten löschen, klicken Sie auf Seiten, > neue hinzuzufügen, Seiten > bearbeiten oder Seiten > Papierkorb. Um das Menü der obersten Ebene zu ändern, das in der Kopfzeile der Website angezeigt wird, besuchen Sie das Erscheinungsbild > Menüs.

Wenn Sie mit dem Ausfüllen von Seiteninhalten beginnen, z. B. auf der Startseite und der Info-Seite, beachten Sie das "+" in der oberen linken Ecke der Seiten, die Sie bearbeiten. Auf diese Weise können Sie Seitenelemente, sogenannte Blöcke, in die Seite einfügen. Wenn Sie mit der integrierten WordPress-Seite nicht zufrieden sind

Editor, erwägen Sie die Installation des Elementor-Plugins, das eine etwas erweiterte Drag-and-Drop-Bearbeitung bietet.

Erwägen Sie über Elementor hinaus, einige dieser wichtigen Plugins zu installieren (alle haben einen kostenlosen Plan):

SEO-Plugin - Yoast SEO und Jetpack sind zwei beliebte Plugins, mit denen Sie die Suchmaschinenoptimierung Ihrer Website verbessern und besser verwalten können.

Analytics-Plugin - MonsterInsights und Google Analytics sind zwei beliebte Plugins, die erweiterte Analysen bieten.

Sicherheits-Plugin - Akismet und Wordfence sind zwei beliebte Plugins, die vor Spam schützen und Firewalls bereitstellen (siehe auch TrustedSite).

WPForms - ermöglicht es Ihnen, interaktive Formulare zu erstellen und zu Ihrer Website hinzuzufügen.
Updraft Plus - erstellt automatische Backups Ihrer Website.

WooCommerce - Richten Sie einen Online-Shop ein, um Produkte zu verkaufen.

SmashBalloon – fügt Social-Media-Widgets hinzu.

OptinMonster – bringt Ihnen mehr E-Mail-Abonnenten.

HubSpot – bietet Customer Reputation Management (CRM).

Es gibt Zehntausende von Plugins, also konsultieren Sie die Plugin-Bibliothek, wenn Sie Ihrer Website Funktionen hinzufügen möchten.

Sie sind jetzt mit allen WordPress-Grundlagen vertraut - wie Sie eine Domain auswählen, Hosting einrichten, ein Thema hinzufügen, das Aussehen der Website ändern, Seiten hinzufügen und bearbeiten, das Navigationsmenü ändern und Plugins installieren.

Wenn es um stilistische und strategische Website-Entscheidungen geht, denken Sie daran, dass Ihre Website Ihre Markenidentität auf visuell ansprechende und unkomplizierte Weise widerspiegeln sollte. Übertreiben Sie es nicht mit Plugins oder Seiten und beschränken Sie die Anzahl der Plugins auf das Wesentliche. Stellen Sie sicher, dass Sie die Suchmaschinenoptimierung (SEO) durch das von Ihnen installierte SEO-Plugin maximieren, da dies sicherstellt, dass die Website im Laufe der Zeit rankt (obwohl es einige Zeit dauern kann – um Ihre Website manuell bei Google zu indizieren, was den Prozess schneller macht, besuchen Sie search.google.com/search-console). Wenn Sie Produkte über Ihre WordPress-Website verkaufen möchten, befolgen Sie außerdem den WooCommerce-Einrichtungsprozess.

Um die Community zu pflegen, mehr Aufmerksamkeit zu erlangen und mehr Kunden zu gewinnen, sind Bloggen und E-Mail-Marketing der Name des Spiels. Insbesondere E-Mail-Marketing ist ein Muss für alle Unternehmen, während Bloggen insofern wertvoll ist, als es Inhalte bereitstellt, die die Sichtbarkeit in der Suche erhöhen und auf anderen sozialen Plattformen geteilt werden können.

E-Mail-Marketing

E-Mail ist eine massiv allgegenwärtige Form der sozialen Kommunikation mit fast vier Milliarden Adressen weltweit. 73 % der befragten Verbraucher gaben an, dass E-Mail ihr bevorzugter Marketingkanal ist, während der mittlere E-Mail-Marketing-ROI 122 % beträgt.

E-Mail-Marketing Nutzt E-Mails und E-Mail-Listen, um Produkte oder Dienstleistungen zu verkaufen und Kundenbeziehungen zu stärken. Es beginnt mit dem Erfassen von E-Mails: nämlich herauszufinden, wie Sie Ihre aktuellen und potenziellen Kunden dazu bringen können, Ihnen ihre E-Mail-Adresse zu geben. Dies wird am häufigsten durch E-Mail-Erfassungsformulare bei der Landung erreicht und

Checkout-Seiten – Sie haben dies wahrscheinlich selbst erlebt, wenn Sie auf den Checkout-Seiten die Kästchen "Für unseren Newsletter anmelden" angekreuzt haben oder wenn Sie Ihre E-Mail-Adresse auf einer Website eingeben, um einen Sonderrabatt oder eine Belohnung zu erhalten. Sobald Sie einen Trichter für die Akquise von E-Mails eingerichtet haben, sollten Sie diese klassischen E-Mail-Marketingstrategien in Betracht ziehen (wir werden weiter unten untersuchen, wie Sie diese E-Mail-Prozesse automatisieren können):

- **Begrüßen Sie neue Abonnenten und Kunden mit Willkommens-E-Mails** (und vielleicht einer Belohnung). Unmittelbar nachdem sich ein Kunde in die E-Mail-Liste Ihres Unternehmens eingetragen hat, senden Sie ihm eine E-Mail mit einem kurzen Dankeschön, einem

Unternehmenshintergrund, einem Verkaufsargument oder einer Belohnung. Ziel ist es, dass sich diese E-Mail sympathisch anfühlt, da der Empfänger wahrscheinlich noch nicht viel mit Ihrer Marke zu tun hatte.

- **Versenden Sie regelmäßig einen Newsletter.** Newsletter sind ein wirksames Mittel, um sicherzustellen, dass Kunden mit Ihrer Marke und Ihrem Unternehmen in Kontakt bleiben. Newsletter (von denen die meisten wöchentlich verschickt werden) können Neuigkeiten, Kunden- und Teamgeschichten, Blogbeiträge und andere soziale Inhalte enthalten.

- **Teilen Sie Updates, Markteinführungen und Updates zu Ihrem Unternehmen.** Eine E-Mail-Liste ist der perfekte Weg, um Neuigkeiten über neue Aspekte Ihres Unternehmens an Ihren Kundenstamm weiterzugeben. Das Einfügen einer Art oder eines Rabatts oder einer Belohnung für frühe Zuschauer wird das Engagement mit Sicherheit erhöhen.

Glücklicherweise müssen Sie diese E-Mails nicht selbst versenden – stattdessen gibt es eine Vielzahl leistungsstarker Automatisierungsdienste, die das E-Mail-Marketing vereinfachen.

- **Mailchimp** & **Constant Contact** - Bester Gesamtsieg
- **Tropfen -** am besten für E-Commerce-Shops.
- **Hubspot -** bestes CRM-Tool
- **Sendinblue** - die besten Tools für den Ausbau eines Kundenstamms.

Konzentrieren Sie sich bei der Nutzung dieser Dienste auf die Automatisierung. Richten Sie beispielsweise eine Reihe von fünf E-Mails ein, die über einen Zeitraum von fünf Wochen an alle neuen E-Mail-Abonnenten gesendet werden (zusätzlich zu den regulären Inhalten), oder eine spezielle Dankesnachricht oder Belohnung an Kunden, die einen bestimmten Ausgabenmeilenstein erreicht haben. Das Einrichten einer solchen Automatisierung ist nicht schwierig: Sehen Sie sich einfach Tutorials auf der E-Mail-Marketing-Plattform an, mit der Sie arbeiten möchten.

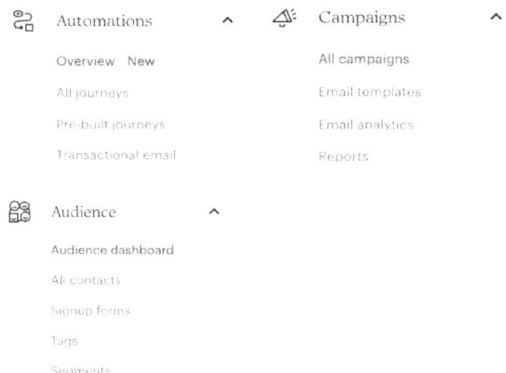

Automatisierungs-, Kampagnen- und Zielgruppentools von Mailchimp.com

Stellen Sie sicher, dass Sie alle emai personalisierenls, A/B-Testüberschriften und -inhalte, um die Öffnungsraten im Laufe der Zeit zu optimieren und den Fließtext prägnant zu halten.

Kommen wir nun zum Bloggen, die dazu dient, die Tiefe und Reichweite des E-Mail-Marketings zu fördern, wenn es richtig implementiert wird.

Bloggen

A blog ist einfach eine Website mit chronologisch geordneten Informationen, typischerweise in einem artikelähnlichen Format (Langformtext).

Derzeit existieren fast 600 Millionen Blogs im Internet, während 81% der Unternehmen ihre Blogs für wichtig halten (wie ihr HubSpot), während kleine Unternehmen, die bloggen, 126% mehr Lead-Wachstum erzielen als kleine Unternehmen, die nicht bloggen (laut ThinkCreative).

Bloggen dient dazu, Ihre Website bei Google und anderen Suchmaschinen höher zu platzieren, was bedeutet, dass mehr Menschen Ihr Unternehmen entdecken. Mit dem Bloggen können Sie auch mit Ihrem aktuellen Publikum in Kontakt treten und Positionieren Sie Ihre Marke als Autorität in Ihrem Bereich.

Sie können ganz einfach einen Blog auf Ihren WordPress-Websites einrichtenITE, indem Sie die Standardseite "Beiträge" im Menü "Seiten" besuchen. Diese Seite lädt tatsächlich einen Fuß Ihrer Blog-Posts, die Sie in WordPress durch "Posts" "Neu hinzufügen" erstellen können. Sie können Plugins wie Elementor, SeedProd und Blog Designer herunterladen, um das Gefühl Ihrer Blog-Seite weiter anzupassen.

Konzentrieren Sie sich beim Erstellen von Blogbeiträgen auf Bildungsinhalte Beschreiben Sie ein Thema in Ihrem Geschäftsbereich. Beiträge sollten mindestens tausend Wörter umfassen, obwohl die ideale Länge für SEO (Suchmaschinenoptimierung) zwischen 2.000 und 2.500 Wörtern liegt. Stellen Sie außerdem sicher, dass die Beiträge ihre SEO maximieren, indem Sie die zuvor beschriebenen SEO-Plugins auswählen.

Sie sollten mindestens einmal pro Woche einen Artikel in Ihrem Blog veröffentlichen. Diese Art von Arbeit lässt sich leicht auslagern – wir werden den Prozess dieser Arbeit im siebten Kapitel untersuchen. Blog-Posts können in einem Newsletter geteilt werden (und so dazu dienen, das E-Mail-Engagement zu fördern) und über soziale Konten auf anderen Plattformen hinwegFrau.

Beachten Sie einige Marken, die Blogs erfolgreich nutzen, um ihre Reichweite zu vergrößern und die Kundenbindung zu fördern:

Marketing Library   Explore Topics

Marketing meets inspiration

Browse how-to articles on starting, running, and marketing your business, plus thought-provoking podcasts and films to inspire your inner entrepreneur.

28

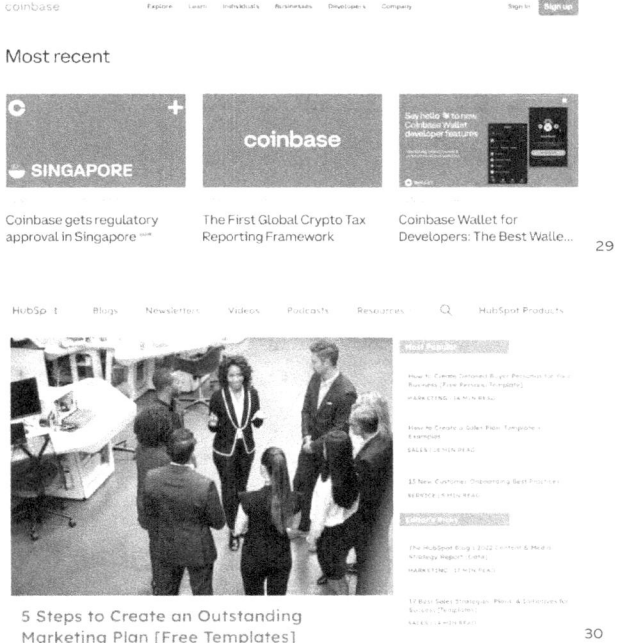

Most recent

Coinbase gets regulatory approval in Singapore

The First Global Crypto Tax Reporting Framework

Coinbase Wallet for Developers: The Best Walle...

[29]

5 Steps to Create an Outstanding Marketing Plan [Free Templates]

[30]

Da Blog-Posts für viele eine Einführung in Ihre Marke und Ihr Unternehmen darstellen, stellen Sie sicher, dass das Messaging mit der größeren Markenidentität und dem Produktangebot übereinstimmt.

---

[29] *Coinbase.com*

[30] *Hubspot.com*

Wachsen auf Instagram

Instagram ist der alte Hund der sozialen Netzwerke. Es ist das etablierteste der Gruppe neben Facebook und dominiert in der Gunst gegenüber Facebook bei jüngeren Bevölkerungsgruppen. Während Instagram in den letzten Jahren neue Funktionen integriert hat, die die Trends untersuchen, die von jungen Apps wie TikTok (vor allem Reels) initiiert wurden, besteht die Hauptfunktion der App immer noch darin, Fotoinhalte zu teilen.

Ja, das Wachstum auf Instagram allein durch das Teilen von Fotos ist im Laufe der Jahre äußerst schwierig geworden, da Algorithmusänderungen die Chancen auf eine gute Leistung organischer Inhalte beeinträchtigen.

Instagram "Reels" sind eine in Instagram integrierte Version von TikTok, die den Zuschauern einen kurzen Video-Feed präsentiert. Rollen bieten den einfachsten Weg, um organische Belichtung zu erhalten. Alle Videos, die auf TikTok gepostet werden, sollten auch auf Reels (und YouTube-Shorts, wie wir später noch zu sehen sein werden) gepostet werden, und ich habe festgestellt, dass der Großteil des Wachstums auf meinen Instagram-Konten jetzt von Reels und nicht von der organischen Reichweite von Fotos stammt.

Wenn Sie ein Publikum aufbauen und Inhalte für Instagram erstellen, sollten Sie zunächst die Differenzierung in Betracht ziehen. Es gibt Millionen und Abermillionen von Konten auf Instagram in jeder Nische, einschließlich der Ihres Unternehmens. Wenn es existiert, postet wahrscheinlich bereits jemand in irgendeiner Form darüber auf Instagram. Die Kehrseite davon ist, dass Differenzierung attraktiv ist – wenn Menschen neue oder einzigartige Dinge sehen, bleiben sie dabei. Überlegen Sie, wie Sie sich in der Nische Ihres Unternehmens differenzieren können.

Verwenden Sie außerdem Farbprofile, um ein einheitliches Stilgefühl für alle Fotos beizubehalten. Dies an und für sich ermöglicht eine Differenzierung.

Für diejenigen, die nach einer legitimen und effektiven Möglichkeit suchen, das Laufwachstum zu beschleunigen und echte Menschen zu erreichen oder einem Konto und Inhalten nur einen kleinen Schub zu verleihen, sind Instagram-Anzeigen und Post-Promotions eine großartige Lösung. Natürlich benötigen sie einen gewissen Geldbetrag, um zu beginnen, aber wenn Sie bereit sind, diesen Betrag auszugeben, ist es nicht außerordentlich schwierig, eine persönliche oder geschäftliche Marke schnell aufzubauen.

Verbinden Sie einfach ein Facebook-Konto mit Ihrem Instagram-Konto und bewerben Sie die Inhalte in Ihrem Profil, die Ihrer Meinung nach Ihre Marke am besten repräsentieren. Legen Sie das Budget und die Dauer fest und starten Sie die Aktion. Konzentrieren Sie Ihre

---

[31] @mentality und @frank_bod

gesamte Kampagne auf einige wenige hochkonvertierende Beiträge (die Sie durch Post-Analysen identifizieren können), wenn Sie nur Follower gewinnen möchten, während Sie, wenn Sie möchten, dass Ihre Like-Zahlen zusätzlich zu den Followern auf breiter Front steigen, Ihr Gesamtbudget auf jeden neuen Beitrag oder zumindest auf eine Vielzahl von Beiträgen aufteilen. Wenn Sie das Budget haben, empfehle ich, Werbeaktionen frühzeitig in Ihre Wachstumsstrategie zu integrieren – es ist zum Beispiel eine großartige Möglichkeit, schnell 10.000 Follower zu erreichen, aber nicht so gut, wenn Sie bei 100.000 sind.

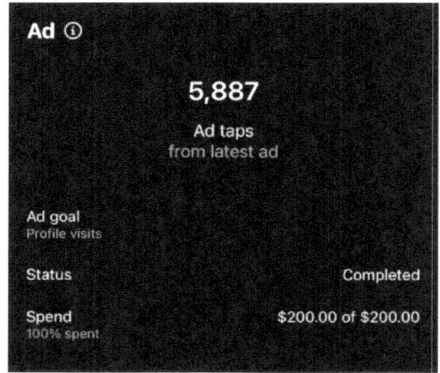

Diese 200-Dollar-Post-Promotion generierte fast 6.000 Profilbesuche.

In diesem Sinne müssen organische Inhalte das Wachstum von Anzeigen langfristig überwältigen, es sei denn, Anzeigen sind ungewöhnlich profitabel. Anzeigen dieser Art sind lediglich eine ergänzende Maßnahme, um organische Inhalte zu unterstützen und durch einige algorithmische und soziale Konstruktlücken (in Bezug auf die Anzahl der Follower) zu springen.

Beachten Sie als Nächstes, dass die Instagram-Automatisierung aus einer Software besteht, die automatisch Beiträge mag, Videos anzeigt, kommentiert und anderen Konten folgt. Die Idee ist, dass eine Person, die auf der Empfängerseite eines Likes, einer Ansicht oder eines Kommentars steht, beschließen kann, das Konto zu überprüfen und ihm zu folgen. Ein solches Ergebnis kann nur bei einem von 500 Engagements auftreten, aber wenn diese Aktionen 10.000 Mal pro Tag von einem Bot ausgeführt werden können, können die Follower-Konten (zumindest anfangs) schnell wachsen. Automatisierungsdienste kosten einen gewissen Geldbetrag, der von 20 oder weniger Dollar pro Monat bis zu mehreren hundert Dollar reicht. Sie

haben auf lange Sicht praktisch keinen Wert, da das Wachstum von organischen Inhalten immer König ist, aber sie können nützlich sein, wenn man bei Null anfängt.

Instagram Tipps & Tricks:

- Die einfachste Videolänge, um Aufrufe zu erhalten, beträgt meiner Erfahrung nach weniger als 20 Sekunden. Jenseits der 30er Jahre wird es schwieriger, obwohl dies von Ihrer Nische abhängt.

- Die ersten 3 Sekunden sind wichtig (Köder) und die letzten 3 Sekunden sind genauso wichtig oder mehr (Haken). Wenn Sie einen tollen Köder haben, werden die Leute bis zum Haken zuschauen, und wenn der Haken großartig ist, werden sie es sich noch einmal ansehen. Sie benötigen beide Elemente, um >100% Wiedergabezeit zu erreichen, wo Sie anfangen können, echte Ansichten zu ziehen.

- Optisch ansprechend und energiegeladen funktioniert am besten, es sei denn, ein Mangel an hoher Energie sorgt für einen komödiantischen Effekt.

- Die Häufigkeit spielt keine Rolle, ob die Videos gut genug sind (die Qualität schlägt alles, ein virales Video ist besser als fünfzig Flops), aber mindestens einmal am Tag zu posten ist ideal, um ein Konto zu eröffnen. Aber auch hier gilt: Wenn die Videos gut genug sind, gibt es keine Mindestlautstärke.

- Die Vereinfachung und Automatisierung der Produktionspipeline ist von entscheidender Bedeutung. Das Erstellen von Herausforderungen, bei denen Sie täglich posten müssen, ist eine einfache Möglichkeit, dies zu tun und kreative Anstrengungen aus der Gleichung zu entfernen.

- Wenn es um Instagram-Rollen geht, muss das Posten konsistent sein, um im Bucket-Algorithmus aufzusteigen. Als ich für ein paar Wochen aufhörte, fiel ich von 50-100k durchschnittlichen Aufrufen auf kaum noch 10k für mehrere Wochen. Zusätzlich

- Beachten Sie, dass Like- und Kommentarverhältnisse keine Rolle spielen, wenn es um Reels geht, wie diese Videos zeigen:

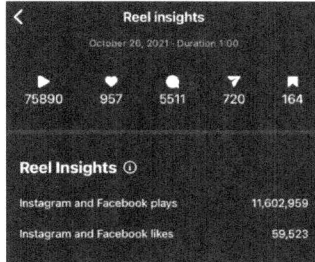 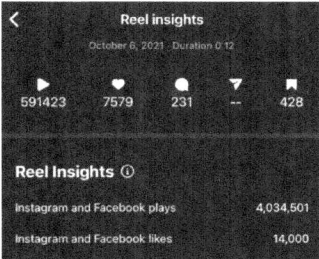

Zusammenfassend lässt sich sagen, dass Instagram eine breite Palette leistungsstarker Inhaltsoptionen und ein riesiges Publikum bietet, um es zu unterstützen. Jedes Unternehmen kann sein Zuhause auf der Plattform finden und die dafür verfügbaren Tools nutzen

einer stärkeren Gemeinschaft und eines stärkeren Endergebnisses.

Wachsen auf TikTok

Selbst für den Standard der sozialen Medien ist TikTok verrückt. Die von ByteDance gestartete App erreichte innerhalb von 5 Jahren nach dem Start 2,6 Milliarden Installationen, was vor allem auf ihre Kapitalisierung von Kurzform-Inhalten zurückzuführen ist, die andere Plattformen (vor allem Instagram über Reels und YouTube über Shorts) schnell kopiert haben. TikTok war einzigartig wegen seines Bucket-basierten Algorithmus, der Inhalte "testet", bevor er sie einem größeren Publikum zugänglich macht. Dies dient dem Zweck, dass fast jedes Video organisch viral werden kann, vorausgesetzt, das Engagement ist von Anfang an gut genug. Dies steht in krassem Gegensatz zu den Algorithmen von Apps wie Instagram und YouTube, bei denen es notorisch schwierig ist, bei Null anzufangen.

Der Nachteil eines extrem opportunistischen Algorithmus und einer Short-from-Content-Plattform ist, dass Aufrufe weniger wichtig sind (z. B. 100 Aufrufe auf TikTok sind nicht so wertvoll wie 100 Aufrufe auf YouTube) und die Migration einer Fangemeinde auf andere Plattformen extrem schwierig ist (z. B. von 100 TikTok-Followern kann nur 1 in Instagram-Follower umgewandelt werden). Während es also viel einfacher sein mag, zehntausend Follower auf TikTok von Grund auf neu zu treffen, bedeuten diese zehntausend Follower in Bezug auf echte Fans und Monetarisierungsmittel nicht annähernd so viel wie zehntausend Follower auf Instagram, YouTube oder Facebook.

Meine eigenen Erfahrungen veranschaulichen diese Ideen. Das erste Video, das ich jemals auf TikTok gepostet habe, hat mehr Aufrufe erhalten als in den letzten zwei Jahren, die ich auf Instagram und YouTube zusammen verbracht hatte. Ich war in der Lage, in einem Jahr die 6-fache Größe meiner gesamten persönlichen Social-Media-Follower auf TikTok zu erreichen, und doch waren die Belohnungen außerhalb der Plattform düster: kaum Crossover und überhaupt kein Geld für 40+ Millionen direkte Aufrufe über drei Konten sowie das Doppelte in Reposts. Vor diesem Hintergrund eignet sich TikTok hervorragend als Top-of-the-Funnel- und Social-Proof-Tool, während TikTok-Anzeigen eine direkte Gelegenheit innerhalb der Plattform darstellen, ein kleines Unternehmen aufzubauen.

Nach Jahren des langsamen Wachstums konnte ich meine Bekanntheit und die Anzahl der Aufrufe durch TikTok schnell erweitern.

Ich werde das Videoformat vermitteln, das ich verwendet habe, um das Wachstum zu beschleunigen, sowie allgemeine Best Practices für das Wachstum eines Unternehmens über TikTok.

Der Erfolg auf TikTok beginnt mit der Herangehensweise. Bei TikTok dreht sich alles darum, einen Mehrwert zu bieten – Sie konkurrieren um die Zeit der Zuschauer, und die Videos und zugehörigen Konten, die durchweg den größten Wert bieten, erfassen die meiste Zeit von den Zuschauern, wodurch diese Videos einem breiteren Publikum zugänglich gemacht werden, wodurch virale, schneeballartige Zyklen für die Ersteller von Inhalten gefördert werden. In der Nische Ihres Unternehmens geht es bei der Sicherstellung des langfristigen Erfolgs darum, den Wert Ihrer Videos und den Wert Ihres Publikums zu identifizieren, zukünftige Videos auf der Grundlage solcher Erkenntnisse zu optimieren und zu wiederholen. Wenn etwas trifft, laufen Sie damit und bauen Sie darauf auf. Wenn dies nicht der Fall ist, machen Sie sich Notizen.

Der TikTok-Algorithmus ist Bucket-basiert. Bucket-basierte Algorithmen geben jedem die Möglichkeit, viral zu werden, anstatt die Reichweite weitgehend auf der Größe des Publikums zu basieren. Der Bucket-Algorithmus funktioniert wie folgt, wenn auch auf einer viel abstrakteren Ebene (z. B. sind "Buckets" nicht wörtlich durch eine Größenordnung getrennt):

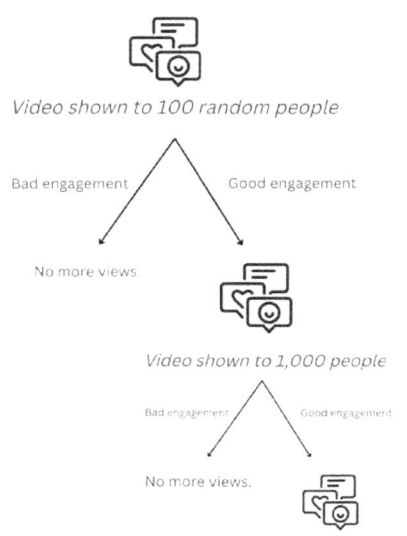

Video shown to 100 random people

Bad engagement   Good engagement

No more views.

Video shown to 1,000 people

Bad engagement   Good engagement

No more views.

Video shown to 10,000 people

Jedes Video wird einer bestimmten Anzahl von Personen gezeigt. Je nachdem, wie diese Personen mit dem jeweiligen Video interagieren, kann es zum nächsten Bucket übergehen, in dem das Video einer wesentlich größeren Anzahl von Personen gezeigt wird. [32] Abzüglich des einen oder anderen Falls wird dies so lange fortgesetzt, bis das Video eine maximale Anzahl von Aufrufen innerhalb seines Buckets erreicht, an dem es sich einpendelt. Bei einigen Videos kann es Tage dauern, bis sie an Dynamik gewinnen, und andere können in ein oder zwei Tagen nachlassen, im Gegensatz zu Wochen, wie im Fall eines viralen Videos. Wenn Ihr Publikum größer wird und Sie mehr Videos posten, steigt Ihr Konto im Algorithmus auf und Ihre Videos fallen garantiert in einen höheren Eimer. Aus diesem Grund erhalten große Creator Millionen von Aufrufen, egal was sie posten: In gewisser Weise können sie den Bewertungsprozess überspringen. [33] Wenn Sie Videos posten, werden Sie feststellen, dass sie oft schnell eine beträchtliche Anzahl von Aufrufen erhalten, dann aufhören zu gewinnen und dann zu einem weiteren Zeitpunkt wieder von vorne beginnen. Manchmal beträgt das Intervall zwischen den Perioden mit hohem Wachstum nur Minuten oder Stunden, während dieser Unterschied manchmal Tage oder sogar Wochen betragen kann. Wenn die Eimer größer werden, verlängert sich die Zeit, die benötigt wird, um den Eimer zu füllen, was bedeutet, dass ein Video, das von einigen hundert auf einige tausend Aufrufe erhöht wurde, dies in nur wenigen Stunden erreichen kann, während ein Video, das sich von

---

[32] Wie lange sie es sehen, wie sehr sie es mögen, teilen und kommentieren.
[33] Zu Recht, denn sie haben sich in der Vergangenheit im algorithmischen Sinne bewährt

einer halben Million auf fünf Millionen Aufrufe bewegt, dieses Wachstum gleichmäßiger über Tage oder Wochen ausdehnen kann. Was bedeutet das für Ihr TikTok-Konto und Ihre Strategie?

Beachten Sie zunächst, dass das Abrufen von mehr Aufrufen mit zunehmender Größe einfacher wird, da der TikTok-Algorithmus allen Videos auf einem Konto weitgehend einen bestimmten Platz im ebenenbasierten System garantiert. Dies ist weder eine harte Regel noch eine, auf die man sich konzentrieren sollte. Versuchen Sie stattdessen, die besten Videos zu erstellen, die Sie können, und mischen Sie schließlich das Brot und die Butter des Kontos in Videos, mit denen sich das Publikum immer noch beschäftigen wird (da Sie zu einem solchen Zeitpunkt eine Marke in dem Maße entwickelt haben, dass die Leute sie trotzdem sehen werden), aber viel weniger Aufwand erfordern als die Hauptwachstumstreiber. Dennoch, wie das Sprichwort sagt, behalten Sie die Hauptsache die Hauptsache und denken Sie daran, dass es notwendig ist, zunächst großartige Videos zu produzieren, und zwar viele davon, um einen schnellen Anstieg des Eimeralgorithmus zu gewährleisten.

Eine zweite Möglichkeit, wie sich diese Konzepte auf Ihr TikTok-Konto und Ihre Videostrategie auswirken, besteht darin, dass kleine Verbesserungen bei der Videoanalyse, vor allem bei der durchschnittlichen Wiedergabezeit und dem Prozentsatz der angesehenen Videos insgesamt, zu massiven Ergebnissen führen und umgekehrt. Dies ist nicht nur Rhetorik oder ein moralischer Standard - Optimierung ist wichtig, und um diesen Punkt zu veranschaulichen, gibt es Analysen aus zwei echten Videos von mir:

476.000 Aufrufe
10,5/11s AWT (durchschnittliche Wiedergabezeit)

54.5% WFV (vollständiges Video angesehen)

Video performance

Total time watched	Average time watched	Watched full video	Reached Audience
1437h:27m:13s	10.6s	54.5%	439.3K

5,2 Mio. Aufrufe

11,9/11 Sek. AWT

56,3% WFV

Video performance

Total time watched	Average time watched	Watched full video	Reached Audience
17353h:18m:25s	11.9s	56.3%	4.6M

Das zweite Video erhielt 10x so viel Aufmerksamkeit bei einem Unterschied von 5-10% im Engagement. Situationen wie diese gibt es überall – während im Laufe der Zeit alle Videos auf einem Konto algorithmisch wahrscheinlich eine bestimmte Mindestanzahl von Aufrufen erreichen, geht es bei der Erzielung von Erfolgen über diesen Standard und die regelmäßige Viralität hinaus nur um das Endergebnis: kleine Verbesserungen, zusammengesetzt, die zu massiven Ergebnissen führen.

Die Erkenntnisse hier sollten sein, dass das bewusste Streben nach Optimierung und Iteration notwendig ist, um Wachstum zu gewährleisten, und sobald ein virales Format gefunden ist, sollte es für seinen ganzen Wert ausgewrungen werden. Der Kern der Sache und das Kernkonzept in Bezug auf das oben Gesagte ist der Wert und die Fähigkeit, Inhalte im Laufe der Zeit an die Bedürfnisse eines Publikums anzupassen.

Der Erfolg auf TikTok sowie auf allen Social-Content-Plattformen hängt von der Frage ab, warum sich jemand ein Video ansieht. Ich betrachte es als eine Frage der E&E-Regel: Unterhaltung versus Bildung. Alle Medieninhalte existieren in zwei Spektren, einem mit Unterhaltungswert und einem mit pädagogischem Wert. Um den Wert Ihrer Videos zu ermitteln, müssen Sie feststellen, wo im E&E-Spektrum ein Video und eine Nische vorhanden sind, und dann diese Frage stellen: Bietet es genügend E&E im Vergleich zu den besten Inhalten der Welt in Ihrer Nische oder im Vergleich zu Ihren Mitbewerbern? Wenn nicht, wenn Ihre Videos nicht so viel oder mehr Bildung, Unterhaltung oder eine Kombination aus beidem bieten, dann ist es unwahrscheinlich, dass die besten Videos der Welt in Ihrer Nische, ein ganzheitlicher und bahnbrechender Erfolg erzielt werden.

Zum Glück gibt es einen Weg, dies zu umgehen – ich habe im Wesentlichen gesagt, dass der Erfolg in den sozialen Medien extrem schwierig ist, wenn man nicht der Beste in etwas ist. Alternativ können Sie einfach Ihre eigene Nische schaffen - auf diese Weise ist es viel einfacher, entweder den größten Unterhaltungswert oder den pädagogischsten Wert der Welt in dieser Nische zu bieten, weil Sie buchstäblich der einzige sind, der dies auf diese Weise tut. Im Wesentlichen senken Sie die Messlatte und mischen den Wert der Überraschung ein. Während also der Erfolg sicherlich durch das Schlagen der Konkurrenz ermöglicht wird, lässt sich nachhaltiger Erfolg am einfachsten durch die Erstellung von Inhalten erzielen, die keine Konkurrenz haben.

Nehmen Sie die Nische, in der ich meine persönliche Marke und mein Geschäft aufgebaut habe – es gibt Millionen von Fitness-Entwicklern in den sozialen Medien, von denen die meisten sachkundiger, stärker, besser aussehend oder besser in der Videoproduktion waren als ich. Anstatt zu versuchen, gegen sie anzutreten, habe ich mich einfach dafür entschieden, etwas in der Fitness-Nische zu tun, was sonst niemand so tat, wie ich es tat. Es stellte sich heraus, dass ich beim ersten Mal, als ich eine Herausforderung machte, in nur einem Monat mehrere Millionen Aufrufe und Zehntausende von Followern hatte. Indem ich eine neue Nische schuf, anstatt in einer alten zu konkurrieren, wurde ich sofort einzigartig, bot einen Schockwert und schlug Leute, die mir auf dem Papier in jeder Hinsicht überlegen waren.

Alles in allem möchte ich auf einige spezifische Best Practices eingehen, die ich in den letzten Jahren auf TikTok gelernt habe:

- Ähnliche Verhältnisse sind weitgehend irrelevant.
- Share- und Kommentarverhältnisse sind weitgehend irrelevant.
- Hashtags sind meist irrelevant, vor allem, wenn Sie ein Publikum haben. Beachten Sie, dass TikTok praktisch Hashtags für Sie erstellt, sobald sie Ihr Publikum herausgefunden haben, sodass Hashtags wirklich nicht so notwendig sind. Verwenden Sie einfach 2-3 pro Video, wenn Sie anfangen, und Sie entwöhnen Sie sie, sobald Sie mindestens 10.000 Follower, eine etablierte Nische und eine solide Anzahl von Aufrufen haben.

Fallstudie von einer Business-Instagram-Seite von mir ohne zuvor festgelegtes Publikum (etwa 800 Follower):

11,5 Mio. Aufrufe, 59,3 Likes.

4,0 Mio. Aufrufe, 235 Kommentare.

Die Like- und Kommentarverhältnisse auf dieser Seite waren unglaublich schlecht – dennoch konnten die Videos allein aufgrund der Wiedergabezeit gut abschneiden. Ich sage es noch einmal: Die Wiedergabezeit ist die wichtigste Metrik, die es zu priorisieren gilt. Beachten Sie als Nächstes die allgemeinen TikTok-Metriken, die Sie anstreben sollten:

- Vollständiges Video (WFV): - 50% im Allgemeinen, 60-70%, wenn kürzer.
- Durchschnittliche Wiedergabezeit (AWT): - >100 % bei weniger als 15 Sekunden, >125 % bei weniger als 10 Sekunden. Mindestens - 75%

Diese Zahlen bewegen sich meiner Erfahrung nach in einem Bereich von einigen hunderttausend Aufrufen bis zu einigen Millionen Aufrufen wie folgt:

Länge: 6 Sekunden

Video performance

Total time watched	Average time watched	Watched full video	Reached Audience
2311h:53m:31s	9.0s	69%	842.6K
	+0.0s (+0%)	0% (+0%)	

Länge: 9 Sekunden

Video performance

Total time watched	Average time watched	Watched full video	Reached Audience
12178h:41m:0s	12.1s	69.5%	3.3M
	+0.0s (+0%)	24% (+0%)	

Länge: 17 Sekunden

Video performance

Total time watched	Average time watched	Watched full video	Reached Audience
18583h:12m:12s	16.0s	59.3%	3.9M
	+0.0s (+0%)	0% (+0%)	

Wachsen auf Facebook

Als Inbegriff der Social-Media-Plattform, die bei älteren Bevölkerungsgruppen beliebt ist, ganz zu schweigen von einer, die sich auf die Community konzentriert, ist die Entwicklung einer Präsenz auf Facebook ein Muss, um nicht nur Kunden in Ihrer Community, sondern auch so viele der 2,9 Milliarden Facebook-Nutzer wie möglich zu erreichen.

Gemäß dem Abschnitt "Soziale Präsenz" sollten Sie Sie haben derzeit ein ausgefülltes Facebook-Geschäftsprofil.

Über ein optimiertes Profil hinaus geht es beim Aufbau eines Publikums auf Facebook darum, Inhalte zu erstellen und zu teilen, mit Ihrem Publikum in Kontakt zu treten und Anzeigen zu schalten. Anzeigen sind keine Voraussetzung für das Wachstum einer Seite, aber Facebook hat seine Algorithmen in den letzten Jahren von der Werbung für organische Inhalte wegbewegt, da die durchschnittliche organische Reichweite eines Facebook-Posts jetzt etwa 5% der gesamten Likes der Seite beträgt (was bedeutet, dass nur sehr wenige Follower den von Ihnen geposteten Inhalt organisch sehen).

Wenn Sie Ihre Seite starten, nutzen Sie Ihre bestehende Community und Verbindungen, um eine erste Zielgruppe aufzubauen. Wenn Sie beispielsweise einen physischen Standort haben, bitten Sie Stammkunden, Ihnen auf Facebook zu folgen, oder fragen Sie dasselbe von Freunden. Ein Startkreis von engagierten Kunden und Freunden kann in Bezug auf die organische Reichweite einen großen Beitrag leisten.

Konzentrieren Sie sich dann auf den Aufbau einer starken Content-Pipeline. Sie sollten mindestens einmal pro Tag posten (streben Sie dies an, aber denken Sie daran, dass Qualität über Quantität gewinnt) und maximal zweimal pro Tag. Insgesamt sollten die Inhalte eine Mischung aus Geschäftsaktualisierungen, relevanten Tipps und Vorschlägen, Partner-, Kunden- oder Community-Profilen, Interessen, erneut geteilten Inhalten und allem, was sonst noch für das Unternehmen oder die Zielgruppe relevant ist, sein (im Idealfall sind sie sowohl für das Unternehmen relevant als auch für die Zielgruppe ansprechend). Bei diesem Inhalt sollte es sich um eine Mischung aus Fotos, Videos und Text handeln – Multimedia-Beiträge, z. B. ein Artikel mit einem Header-Bild und einem Walkthrough-Video, schneiden in der Regel besser ab als ein einzelner Medientyp. Befolgen Sie Best Practices für die Erstellung von Inhalten, z. B. starke Titel, ansprechende Bilder und gezielte (nicht mehr als drei) Hashtags. Verwenden Sie Analysen im Laufe der Zeit, um die Zeiten anzupassen, zu denen Sie posten sollten, um das Engagement zu maximieren.

Wir werden uns weiter mit dem Influencer-Marketing befassen – denken Sie daran, dass dies ein immens wertvolles Werkzeug ist, wenn es darum geht, ein Publikum auf Facebook und jeder anderen sozialen Plattform aufzubauen.

Wenn Sie ein Unternehmen mit einem physischen Standort sind, konzentrieren Sie sich auf die Erstellung von Inhalten, die auf Ihre lokale Community abgestimmt sind. Treten Sie Community-Gruppen bei und erstellen Sie sie, um mit Kunden zu einem bestimmten Thema in Kontakt zu treten (z. B. könnte eine Gruppe für jeden physischen Standort, eine jährliche Veranstaltung oder eine Geschäftsbranche erstellt werden). Das Veranstalten lokaler Veranstaltungen und das Bewerben Ihrer Facebook-Seite ist eine großartige Möglichkeit, ein lokales Publikum aufzubauen und über Facebook-Anzeigen direkt für Ihre lokale Community zu werben.

Wenn Ihr Unternehmen keinen eigenen physischen Standort hat oder ausschließlich online tätig ist, folgen Sie demselben Ethos – erstellen Sie Gruppen und treten Sie ihnen bei, um mit Ihrer Zielgruppe in Kontakt zu treten, und folgen Sie ihnen mit regelmäßigen Inhalten, die die Zielgruppe ansprechen.

Stellen Sie für beide Arten von Unternehmen sicher, dass Sie die Link-Post-Funktion verwenden, während Sie eine URL in das Feld "Beitrag erstellen" einfügen können und Facebook eine Vorschau des Links teilt. Verwenden Sie auch Facebook-Geschichten, genau wie Instagram-Geschichten, um regelmäßig mit Ihren Followern in Kontakt zu treten, ohne einen Beitrag mit hohem Aufwand teilen zu müssen. Heften Sie regelmäßig die leistungsstärksten oder relevantesten Beiträge oben auf Ihrer Facebook-Seite an und ermutigen Sie Mitarbeiter oder Freunde, Inhalte erneut zu teilen.

Stellen Sie sicher, dass Sie mit Ihrem Publikum sowohl über Ihre als auch über deren Inhalte hinweg in Kontakt treten, und bieten Sie regelmäßig die Möglichkeit, mit Ihrer Marke in Kontakt zu treten, Feedback und Vorschläge zu geben und Rabatte, Belohnungen oder Anerkennung zu erhalten.

Schauen wir uns einige kleine Unternehmen an, die effektiv ein Publikum und einen Kundenstamm auf Facebook aufbauen:

Beachten Sie den ansprechenden Inhalt und die Vielzahl der
geteilten Fotos.

---

[34] *Facebook: TomoCredit*

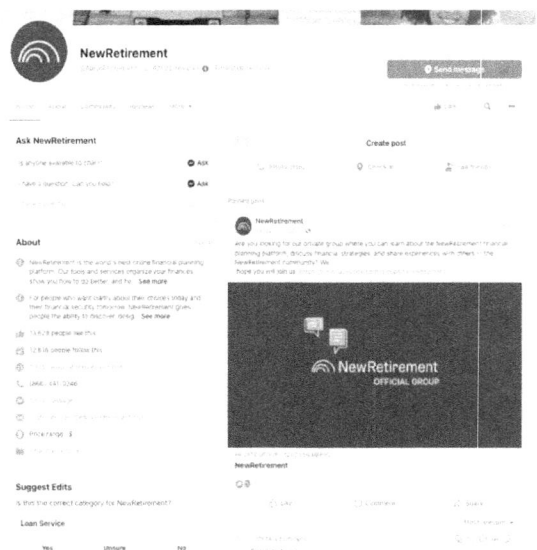

Beachten Sie, dass Benutzer @NewRetirement direkt Fragen über Messager stellen und einen relevanten Call-to-Action-Beitrag anheften können.

Wachsen auf YouTube

YouTube unterscheidet sich von den zuvor untersuchten Plattformen dadurch, dass es sich ausschließlich auf ein anderes Medium konzentriert: Langform-Videos. Video ist ein anderes Biest als andere Formen von Inhalten, da es einfach keine Möglichkeit gibt, die Arbeit daran vorbei zu machen. Am Ende des Tages kann niemand ein gutes Video über Ihr Unternehmen fälschen. Das Gleiche gilt nicht für Tweets, Artikel oder Website-Design.

YouTube ist aus diesen Gründen schwierig, aber die Beute ist immens −2 Milliarden Menschen nutzen die Website jeden Monat (nach Google.com an zweiter Stelle), 80 % der US-Vermarkter sind zuversichtlich, dass YouTube-Videos gut konvertieren, und 70 % der YouTube-Zuschauer geben an, dass sie ein Produkt gekauft haben, nachdem sie in einer YouTube-Anzeige davon erfahren haben. Das gilt nur für Produkte, die über Anzeigen gekauft wurden − für Unternehmen und YouTuber mit erfolgreichen YouTube-Kanälen werden engagierte Fans schnell zu treuen und langfristigen Kunden. Tatsächlich behalten Menschen 95 % einer Nachricht, die über Video konsumiert wird, gegenüber 10 %, wenn sie sie in Text lesen, und dieses Phänomen führt direkt zu Markenbindung und -wirkung.

Während es für Unternehmen im Vergleich zu den meisten anderen sozialen Plattformen zunächst schwieriger ist, eine Fangemeinde auf YouTube aufzubauen, ist die Beute des Erfolgs auf einem Pro-Follower Basis übertrifft andere Plattformen.

Die meisten Unternehmen die Inhalte auf YouTube erstellen, positionieren sich als Autoritäten in ihren Räumen, indem sie Bildungsinhalte erstellen. Viele posten auch Videos, in denen die Nutzung ihrer Plattform beschrieben wird, Interviews mit Gründern und Teammitgliedern, Branchennachrichten und Berichterstattung über Veranstaltungen.

Beachten Sie diese Unternehmen, die alle effektiv Inhalte erstellen, die die Zuschauer zu ihren Produkten und Dienstleistungen führen:

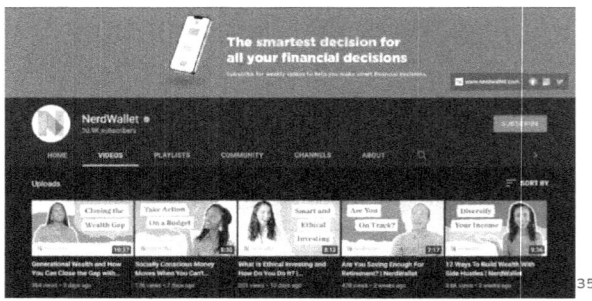

35

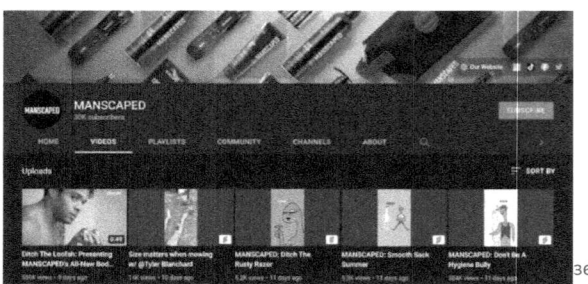

36

---

35 *YouTube: NerdWallet*
36 *YouTube: Manscaped*

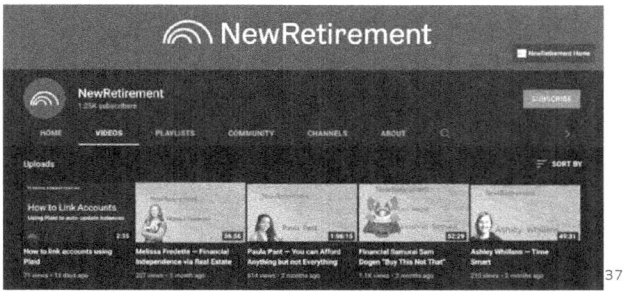

Beachten Sie die Verwendung von YouTube-Shorts von Manscaped, das starke
Banner von NerdWallet und die Langform-Inhalte von NewRetirement.

Wenn Sie also YouTube für Ihr Unternehmen nutzen, denken Sie über
die Art von Inhalten nach, die Sie in Ihrer Nische erstellen möchten:
Gibt es eine Wissenslücke, mit der Ihre Kunden konfrontiert sind?
Was ist das asymmetrische Wissen in Ihnen, Ihrem Team und Ihrem
Unternehmen, das es Ihnen ermöglicht, das zu tun, was Sie tun, und
wie können Sie das für ein Publikum auf YouTube verpacken? Diese
Fragen bestimmen Ihre Identität und Content-Strategie auf YouTube.

Ich habe es immer als hilfreich empfunden, sofort Schreiben
Sie eine Reihe von Ideen für Videos auf, nachdem Sie ein
Kanalkonzept entwickelt haben. Konzentriere dich zunächst auf
Videos mit starken Hooks (damit sie gut als YouTube-Werbung
funktionieren) oder Videos, von denen du weißt, dass sie in deiner
Community oder deinem beruflichen Umfeld gut ankommen werden.

Apropos: YouTube-Anzeigen können ein leistungsstarkes
und kostengünstiges Instrument sein, um die Bekanntheit zu
erhöhen und einen Kanal frühzeitig auszubauen. Die
durchschnittlichen Kosten pro Ansicht (CPV) für YouTube-Anzeigen
betragen nur 0,026 $ (obwohl ich das auf deutlich unter 0,01 $

---

[37] *YouTube: Neuer Ruhestand*

bekommen habe). Dies bedeutet im Wesentlichen, dass Sie 1 Cent für eine reale Person bezahlen könnten, um mindestens 30 Sekunden Ihres Videos anzusehen. Dies entspricht 10 US-Dollar für 1.000 Aufrufe und 1.000 US-Dollar für 100.000 Aufrufe. Auf Anhieb kann es Wunder für einen neuen Kanal bewirken, nur ein paar hundert Dollar in Werbeausgaben dieser Art zu stecken.

Zusammenfassend lässt sich sagen, dass es beim Wachstum auf YouTube darum geht, Videos zu veröffentlichen, die sich die Leute ansehen. Diese Elemente bestimmen, wie gut Videos anzusehen sind und wie gut sie am Ende funktionieren:

Qualität - richtige Beleuchtung, hochwertiges Audio- und Sounddesign, druckvolle Bearbeitung und saubere Aufnahmestrukturen sind nicht alles, aber sie helfen auf jeden Fall. Abhängig von der Art des Videos sind in der Regel eine gute Kamera, ein gutes Mikrofon und ein guter Ort zum Filmen erforderlich (manchmal erleichtert ein Greenscreen die Arbeit, oder Sie entscheiden sich für reine Grafikinhalte mit Voiceover).

Intro – im Durchschnitt verlässt fast ein Viertel der Zuschauer ein Video innerhalb der ersten zehn Sekunden. Konzentrieren Sie sich also darauf, klebrige Intros zu erstellen.

Länge - Die Leute wollen keine enorm langen Videos: Die durchschnittliche Länge eines Videos auf der YouTube-Startseite liegt bei etwa 14 Minuten. Es ist fast immer besser, sich auf der Seite der Kürze zu irren, wenn man daran interessiert ist, die Wiedergabezeit zu maximieren. Streben Sie eine Zuschauerbindung (APV) von 50 % oder mehr an, was durch die Diskrepanz in den

APCs und die daraus resultierende Anzahl der Aufrufe der folgenden Videos belegt wird.

Average percentage viewed	Views	Impressions	Impressions click-through rate
47.3%	14,686	213,790	4.5%

Average percentage viewed	Views	Impressions	Impressions click-through rate
57.0%	5,684,773	116,094,388	3.8%
	496.0K – 803.0K		

Average percentage viewed	Views	Impressions	Impressions click-through rate
54.7%	6,731,966	127,743,848	4.1%
	531.0K – 1.1M		

38

Titel & Thumbnail - Ihre Thumbnails sind die Art und Weise, wie Sie sich vorstellen, und der erste Eindruck bleibt. Das Thumbnail-Design zielt darauf ab, das Videokonzept (ohne zu lügen) in einem möglichst faszinierenden Ich-muss-dich-anklicken-Licht zu präsentieren.

Wie Thumbnails sind Titel eine der ersten Möglichkeiten, wie ein potenzieller Zuschauer mit Ihren Videos interagiert. Die Titel kehren zum Zweck des Videos zurück: Was ist das übergeordnete Thema der Inhalte, die Sie erstellen, und wen möchten Sie erreichen? Wenn Sie beispielsweise versuchen, ein GenZ-Publikum mit einem auf Unterhaltung ausgerichteten Video zu erreichen, sollten Titel

---

[38] *Alle YouTube [Analytics]: Ksenia Suglobova*

einen gemeinsamen Jargon verwenden und sich informell anfühlen. Wenn Sie jedoch fortgeschrittene Tutorials für ein erwachsenes Publikum erstellen, können Sie sich für einen direkteren oder strukturierteren Titel entscheiden. Versuchen Sie auf diese Weise immer, den Titel des Videos zu kuratieren, und stellen Sie sicher, dass die Botschaft von Titeln und Miniaturansichten übereinstimmt.

Die Bedeutung von Miniaturansichten wird durch das vorherige Bild belegt, da die überwiegende Mehrheit der Aufrufe von vorgeschlagenen Videos und Browse-Funktionen abgeleitet wird, von denen jede Videos nur über ihre Miniaturansicht und ihren Titel anzeigt.

Denken Sie darüber nach, in einen Titel einen Aufhänger, Schlüsselwörter und Zahlen einzubauen, Dringlichkeit zu schaffen, die Lösung oder den Wert, der bereitgestellt wird, klar zu definieren und emotionale Wörter zu verwenden. Beachten Sie diese Elemente in den folgenden Titeln:

"I'm Broke... What Should I Do?"

478K views • 1 year ago

I Tried Turning $0 into $10k Online Challenge (Part 1)

2.2M views • 2 years ago

The Painful Truth | Jordan B Peterson

856K views • 3 years ago

$456,000 Squid Game In Real Life!

291M views • 10 months ago

Day In The Life Of An Infantry Platoon Leader

1.9M views • 6 years ago

HOW TO TRAVEL BALI - 14 Days in Paradise

3.4M views • 2 years ago

Why Smart People Underperform

888K views • 8 years ago
CC

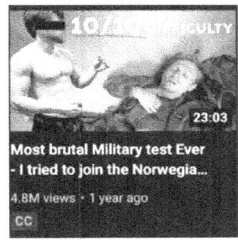

Most brutal Military test Ever - I tried to join the Norwegia...

4.8M views • 1 year ago
CC

The 20 Rules of Money

5.8M views • 5 years ago
CC

39

1. Der Titel stellt eine Frage, die einen erheblichen Teil der Menschen anspricht, während das Thumbnail das Konzept und die Struktur des Videos weiter verstärkt.

2. Der Titel spricht alle durch einen gemeinsamen Anreiz an. Mehrere Teile leiten auf die Tiefe hin.

3. Eine faszinierende Frage wird durch ein Miniaturbild unterstützt, das auf die Professionalität des Sprechers und damit des Videos anspielt.

---

[39] *YouTube: Alex Hormozi, Biaheza, Jordan B. Peterson, Mr. Beast, Nick Bare, Lost LeBlanc, Marie Forleo, Magnus Midtbo, Valuetainment.*

4. Das Videokonzept basiert auf einem damals aktuellen Trend, während der Dollarwert darauf schließen lässt, dass das Konzept durchgezogen wird (z. B. nicht nur Clickbait).

5. Der klare Titel präsentiert Neuheit, während das vereinfachte Thumbnail das Konzept verstärkt.

6. Das Wertversprechen ist sehr klar, eine Zahl ist enthalten und das Thumbnail ist visuell umwerfend.

7. Der Titeltext fesselt Menschen, die sich für klug halten (die Zielgruppe des Schöpfers) und die Intrige wird durch den Text im Thumbnail erhöht.

8. Relevante Keywords werden in der hinteren Hälfte des Titels platziert, während die erste Hälfte (und das Thumbnail) auf Neuheit anspielt.

9. Der soziale Beweis wird durch den Anzug und das gut gestaltete Thumbnail abgeleitet.

Schlüsselwörter. Verwenden Sie etwa zehn semi-spezifische Schlüsselwörter im Abschnitt "Tags" jedes Videos. Beachten Sie, dass YouTube angibt, dass "Tags eine minimale Rolle dabei spielen, den Zuschauern zu helfen, Ihr Video zu finden" – dennoch, besonders wenn Sie gerade erst anfangen, helfen diese Schlüsselwörter dem Algorithmus, Inhalte zu gruppieren und zu bewerten. Beachten Sie im folgenden Bild die Spezifität der Schlüsselwörter in Bezug auf das Thema des Videos (das ist eine 2000-Squat-Herausforderung).

Wert! Alle zuvor beschriebenen Elemente sind wichtig. Letztendlich geht es bei jedem darum, Videos optimal zu verpacken. Was am wichtigsten ist, ist das Video selbst – wie bei allen sozialen Inhalten korreliert die Zeit, die die Leute bleiben, unweigerlich mit dem Wert, den Sie ihnen bieten, egal ob es sich um eine Form von Bildung, Unterhaltung oder beides handelt (egal wie großartig das Thumbnail, der Titel oder das Intro ist). Kurz gesagt, führen Sie immer mit den Wünschen und Bedürfnissen des Betrachters. Wenn Sie einen Mehrwert bieten, werden Sie gewinnen.

Bisher haben wir uns mit der Ideenfindung von Inhalten und der Erstellung eines großartigen Videos befasst. Betrachten wir nun Methoden und Strategien zur Maximierung des Wachstums (über Anzeigen und Influencer-Marketing hinaus, wie weiter unten beschrieben):

Häufigkeit: einmal pro Woche ist ein solides Minimum. Qualität sollte jedoch immer Vorrang vor Quantität haben.

Community: Bewerben Sie Ihren Kanal auf anderen sozialen Plattformen und in der bereits bestehenden Community und dem Netzwerk Ihres Unternehmens.

Clip: Schneiden Sie Ihre längeren Videos und teilen Sie sie als YouTube-Shorts sowie auf Instagram, TikTok, Facebook und überall dort, wo Sie in Kurzvideos präsent sind. Gruppieren Sie Videos nach Playlists auf YouTube.

Engage & Reward: Veranstalten Sie Werbegeschenke oder bieten Sie Rabatte an. Poste Videos mit anderen YouTubern und Unternehmen.

40

Beachten Sie, wie Jordan Welch regelmäßig beliebte Figuren in seiner Nische in seine Videos einbezieht. Diese Art von Inhalten übertrifft durchweg seine anderen Videos.

---

40 *YouTube: Jordan Welch*

Beachten Sie, wie Beardbrand die meisten seiner Videos zu verschiedenen Wiedergabelisten hinzufügt, um die Suchpräsenz zu erhöhen und die Zuschauer zu ermutigen, mehrere Videos in einer Sitzung anzusehen.

Monetisierung. Sobald Ihre YouTube-Kanäle 1.000 Abonnenten und 4.000 Stunden Wiedergabezeit erreicht haben, können Sie mit Anzeigen, die von YouTube auf dem Video platziert werden, Geld verdienen. Sie können diese Berechtigungsanforderungen auf der Registerkarte "Monetarisierung" unter studio.youtube.com einsehen.

Die Einnahmen aus Videos basieren auf RPM (Umsatz pro tausend Aufrufe). Nischen verdienen unterschiedliche RPMs je nach dem Geldbetrag, den Werbetreibende in dieser Nische zu zahlen bereit sind. Auf diese Weise erzielen Finanzvideos höhere RPMs als Gaming-Videos, da Finanzunternehmen bereit sind, mehr zu zahlen, um ihre Anzeigen den YouTube-Zuschauern zu zeigen. Zusätzlich zu den Einnahmen aus Anzeigen, die in Ihren Videos platziert werden, sobald Sie monetarisiert sind, können Sie steuern, wie viele Anzeigen in einem bestimmten Video platziert werden und wo jede Anzeige platziert wird. Platzieren Sie im Allgemeinen eine Pre-Roll-

---

[41] *YouTube: BartBrand*

Anzeige und eine Mid-Roll-Anzeige etwa nach acht Minuten (abhängig von der Länge des Videos).[42]

Sie können sich dafür entscheiden, die Einnahmen von YouTube in Videowerbung zu reinvestieren. Um diese Strategie zu veranschaulichen, nehmen Sie das folgende Video, das einen AdSense-Umsatz von 5.800 US-Dollar generierte (AdSense ist die Monetarisierungsplattform von Google, die die Auszahlungen von Werbeeinnahmen abwickelt).

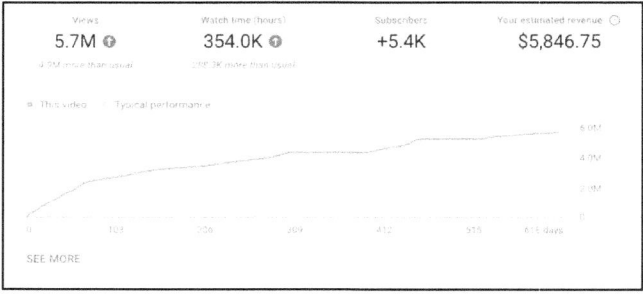

Wenn die daraus resultierenden Einnahmen mit einem CPV von 0,01 US-Dollar (wie oben) wieder in Anzeigen investiert würden, könnten zusätzliche 580.000 Aufrufe auf eine Anzeige oder ein Video gerichtet werden, wodurch mehrere hundert weitere Abonnenten und etwa 600 US-Dollar an zusätzlichen Einnahmen erzielt würden.

Auf diese Weise können Unternehmen auf YouTube entweder Einnahmen in Videowerbung über YouTube-Anzeigen reinvestieren oder Einnahmen verwenden, um die Kosten für die

---

[42] Alternativ können Sie eine zweite Anzeige platzieren, kurz bevor die Kundenbindung nachlässt.

Erstellung von Inhalten zu decken. Dies spricht für den Wert von YouTube nicht nur als Werkzeug, um Kunden weiter in einen Trichter zu führen, sondern auch, um Umsatzerlöse zu generieren.

Nach der Monetarisierung kannst du die Teespring-Integration in YouTube nutzen, um Waren aus einem "Shop"-Bereich direkt unter deinen YouTube-Videos zu verkaufen. Um diese Funktion zu erkunden, besuchen Sie "Merchandise" unter "Monetarisierung" in studio.youtube.com

Führen Sie vor allem mit der Denkweise, dass YouTube ein langfristiges Spiel ist. Die Ergebnisse werden schnell zu einem Schneeball, aber es kann eine ganze Weile dauern, bis die ersten hundert, tausend oder zehntausend Abonnenten erreicht sind. Denken Sie während des gesamten Prozesses daran, dass Konsistenz und Wert gewinnen werden – wenn Sie und Ihr Unternehmen diese beiden Dinge tun, werden Sie in die bahnbrechenden Vorteile einer erfolgreichen YouTube-Präsenz eingeweiht.

Wachsen auf Twitter

Twitter ist eine Plattform für schnelle Interaktionen und eine schnelllebige Kultur. Marken, die auf Twitter gut abschneiden, haben den Daumen am kulturellen Puls nicht nur ihres Bereichs, sondern auch der Gesellschaft. Witzige oder aufschlussreiche Kommentare zu Trends und Neuigkeiten, ansprechende oder kontroverse Inhalte in Bezug auf Ihr Branding und Ihr Unternehmen sowie Satire schneiden in der Regel am besten ab. Tun Sie in all diesen Fällen Ihr Bestes, um Inhalte zu erstellen, die von den Leuten retweetet und kommentiert werden. Auf diese Weise explodieren letztendlich virale Tweets und Threads (Threads sind Strings miteinander verbundener Tweets, vielleicht um eine Idee zu erforschen, die nicht in einem einzigen Tweet erklärt werden kann, der durch das Beantworten der eigenen Tweets erstellt wird).

Wenn überhaupt, tun Sie es nicht übermäßig bearbeitet oder professionell als Marke auf Twitter erscheinen. Bei Twitter dreht sich alles um Gemeinschaft und Kultur, und der beste Weg, die Herzen (und die Brieftaschen) der Nutzer zu gewinnen, ist durch kreative und ansprechende Inhalte, nicht durch das Pitchen Ihres Unternehmens oder Ihrer Produkte (es sei denn, sie sind für sich genommen wirklich einzigartig genug). Die Leute können jeden durchschauen, der nicht "Bescheid weiß", und Hilfe einzuholen, um Relevanz zu erhöhen, wenn Sie selbst kein Twitter-Nutzer sind, ist eine weitaus überlegene Strategie.

Lassen Sie Ihre Marke nicht tabu erscheinen – engagieren Sie sich durch Kommentare, bauen Sie Beziehungen zu Kunden auf, ermutigen Sie zu Retweets und folgen Sie (einigen) Leuten zurück.

Posten Sie mindestens 1-2 Mal am Tag auf Ihrem Twitter-Account. Dies sollte je nach aktuellen Ereignissen variieren, zu denen Ihr Unternehmen vernünftigerweise Kommentare hinzufügen kann. Retweeten Sie mindestens mehrmals pro Woche. Beachten Sie, dass das Engagement in der Regel zwischen 9 und 10 Uhr am höchsten ist (wie immer, passen Sie das Timing gemäß Ihren Twitter-Analysen im Laufe der Zeit an).

Schauen Sie sich einige historische Tweets großartiger Marken an:

Beachten Sie, wie @netflix die Show (deren Name subtil unten links im Bild platziert ist) indirekt durch eine witzige Linie bewirbt.

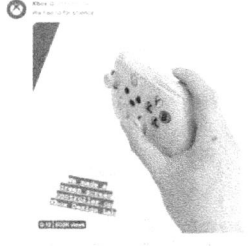

Beachten Sie, wie @Xbox ansprechende Inhalte nutzt, um eine sympathische Seite des Xbox-Teams zu zeigen.

Beachten Sie die Verwendung von Threads und den Anreiz, der für die Zuschauer geschaffen @SlimJim, sich mit dem Beitrag zu beschäftigen.

Wachsen auf LinkedIn

Der Aufbau von Zielgruppen auf LinkedIn beginnt mit der Profilerstellung. Stellen Sie sicher, dass Ihre persönliche LinkedIn-Seite sowie die Ihres Unternehmens vollständig ausgefüllt ist. Profile mit vollständigen Informationen erhalten im Durchschnitt 30% mehr Aufrufe, während sich dieser Unterschied bei Profilen, die regelmäßig Inhalte veröffentlichen, erweitert. Stellen Sie sicher, dass Sie einige Showcase-Seiten ausfüllen, bei denen es sich um verbundene Erweiterungen der Seite Ihres Unternehmens handelt, die verwendet werden, um eine Geschäftseinheit, Initiative oder Branche hervorzuheben. Stellen Sie abschließend sicher, dass alle Profilelemente jeder Seite auf öffentlich gesetzt sind.

Wie immer Ziehen Sie zunächst ein Publikum von außen an. Stellen Sie sicher, dass Sie die Verbindungen Ihrer persönlichen LinkedIn-Seite maximiert haben und dass die Mitarbeiter Ihrer LinkedIn-Unternehmensseite folgen. Stellen Sie schließlich sicher, dass Sie relevanten LinkedIn-Gruppen beitreten und daran teilnehmen.

Darüber hinaus SEO- und Optimierungsgrundlagen, die Steigerung der Bekanntheit und der Aufbau eines Publikums für Ihr Unternehmen auf LinkedIn erfordern die Erstellung von Inhalten. LinkedIn bietet einfache Tools zur Erstellung von Inhalten über die Super-Admin-Ansicht der Unternehmensseite und ermöglicht es Seitenadministratoren, Inhalte über eine Vielzahl von Tools zu erstellen und hinzuzufügen, insbesondere Umfragen und eine ganze Sandbox zum Erstellen von Artikeln.

Gemäß der von Ihnen erstellten digitalen Strategie ist es am effizientesten, Inhalte einfach erneut zu teilen auf LinkedIn, das ursprünglich für andere Plattformen konzipiert wurde und umgekehrt. Wenn Ihr Unternehmen beispielsweise bereits einen Blog hat, nehmen Sie einfach diesen Inhalt, ändern Sie ihn so, dass er in Ihre LinkedIn-Seite passt, und teilen Sie ihn in Ihrem LinkedIn-Profil.

Beiträge mit einer Mischung aus Inhaltstypen, z. B. ein Header-Bild, ein Blogbeitrag oder eine Umfrage, schneiden am besten ab. Stellen Sie sicher, dass Sie eine Vielzahl relevanter Hashtags in den Inhalt integrieren und längere Beiträge in kurze Absätze und Überschriften aufteilen.

Teilen Sie mindestens 1-2 Beiträge pro Woche. Über die Veröffentlichung auf Ihrer Unternehmensseite hinaus, Posten Sie regelmäßig in Ihrem persönlichen Profil, um potenzielle Leads für Ihr Unternehmen zu gewinnen, und engagieren Sie sich regelmäßig auf beiden Profilen in Kommentarbereichen. Machen Sie es es Ihren Mitarbeitern leicht, LinkedIn-Inhalte zu veröffentlichen, z. B. bei Firmenveranstaltungen, Werbeaktionen, Meilensteinen usw.

Wenn Sie wachsen, halten Sie sich mit den Analysen auf dem Laufenden, um zu messen, was Besucher sind oder sich nicht mit diesen Besuchern beschäftigen und welche demografischen

Merkmale diese Besucher ausmachen. Aggregieren Sie diese Informationen, um in Zukunft Entscheidungen über die Ideenfindung und Strategie von Inhalten zu treffen.

Wenn Ihre Marke mit Influencern oder anderen Unternehmen zusammenarbeitet, markieren Sie sie in Beiträgen und ermutigen Sie sie (noch besser, koordinieren Sie sich mit ihnen), Ihre Marke im Gegenzug zu markieren.

Erwägen Sie schließlich, LinkedIn-Anzeigen zu verwenden, um Speedrun-Wachstum. Dieser Prozess wird im Abschnitt Werbung beschrieben.

Diese Strategien gewährleisten ein ganzheitliches Mittel, um nicht nur eine Fangemeinde und eine Kundenbasis auf LinkedIn zu gewinnen, sondern auch Stellen Sie sicher, dass Ihr Unternehmen sichtbar bleibt, Leads in einem professionellen Umfeld generiert und Geschäftsmöglichkeiten maximiert.

Beachten Sie einige Beispiele für gut gemachte LinkedIn-Profile für kleine Unternehmen:

Beachten Sie die Mischung aus Unternehmensaktualisierungen und ansprechenden Inhalten in längerer Form.

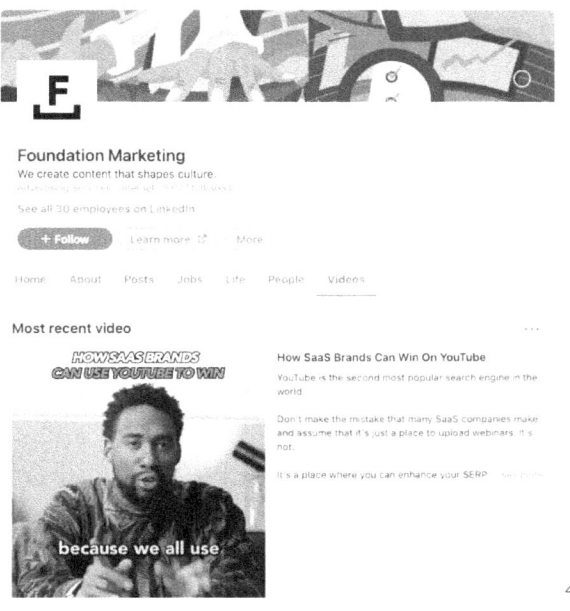

---

[43] *LinkedIn: Arcade*
[44] *LinkedIn: Stiftung Marekting.*

Wachsen auf Pinterest

Bei Pinterest dreht sich alles um visuelle Elemente. Das Wachstum auf Pinterest beginnt mit einem konsistenten Strom von qualitativ hochwertigen Bildern – wenn diese Pipeline nicht bereits in Ihr Unternehmen integriert ist (z. B. im Fall eines Mode- oder Immobilienunternehmens), ist es nicht der richtige Schritt, sich um den Aufbau eines Pinterest-Publikums zu bemühen.

Pinterest basiert auf auf Tafeln, die ein zentrales Thema darstellen, unter dem Bilder organisiert werden. Bilder aus dem Internet können an ein Board "gepinnt" werden, oder Bilder, die bereits auf Pinterest sind, können in ein anderes Board "gepinnt" werden. Pins können kommentiert werden.

Also, wachsen auf Pinterest Spiegelt die Anzahl der Bilder wider, die Sie veröffentlichen, die Anzahl der Boards, die Sie haben, und die Anzahl der Pins und Re-Pins, die Sie orchestrieren. Mindestens fünf Pins pro Tag (vorzugsweise ein paar Dutzend) sind erforderlich, um ein Publikum zu vergrößern. Mashable und Pinerily stellten fest, dass Samstage, Nachmittage und Abende die besten Tage und Zeiten in Bezug auf das Engagement sind.

Was den Inhalt selbst betrifft, so ist Pinterest auf qualitativ hochwertige Bilder ohne menschliche Gesichter (Figuren/Körper) ausgelegt sind in Ordnung), kein Text oder Ränder und ansprechende visuelle Inhalte. Stellen Sie sicher, dass Sie für jeden

Pin und jede Pinnwand die zugehörigen Beschreibungen mit Keyword-reichen Inhalten ausfüllen, die Ihren Markennamen enthalten. Besuchen Sie trends.pinterest.com, um Ideen für Inhalte zu erhalten. Beachten Sie schließlich, dass Videos gepostet werden können, so dass das erneute Posten von Kurzform-Inhalten eine großartige Möglichkeit ist, erfolgreiche Inhalte zu recyceln. Stellen Sie einfach sicher, dass es für Ihr Pinterest-Publikum relevant ist.

Das regelmäßige Posten von Pins von einer Vielzahl von Websites (in erster Linie natürlich Ihre eigene) wird am besten von regelmäßigem Engagement durch Gruppenboards, Kommentarbereiche und Inhalte anderer Marken begleitet.

Beachten Sie das konsistente Gefühl von Pinterest-Inhalten sowie das reine Volumen der Pins auf jedem Board.

Ich sage es noch einmal: Pinterest ist ein Muss für visuelle Marken, insbesondere für diejenigen, die Produkte oder Dienstleistungen online verkaufen. Wenn Sie das sind, teilen Sie zumindest die Fotos, die Sie bereits in Ihrem Unternehmen verwenden, erneut auf der Plattform. Das Wachstum wird im Laufe der Zeit zu einem Schneeball werden, wenn Benutzer Ihre Inhalte finden und neu anheften.

Erstellen von sozialen Inhalten

Ich In diesem Abschnitt werden wir kurz auf einige Grundlagen der video-, foto- und grafikbasierten Inhaltserstellung eingehen.

Graphik

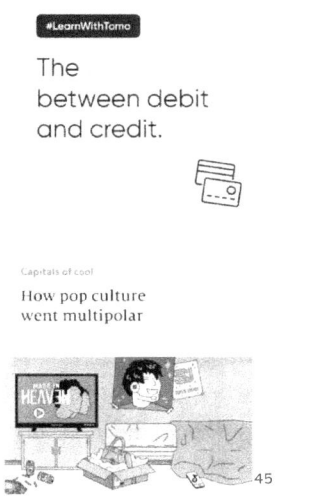

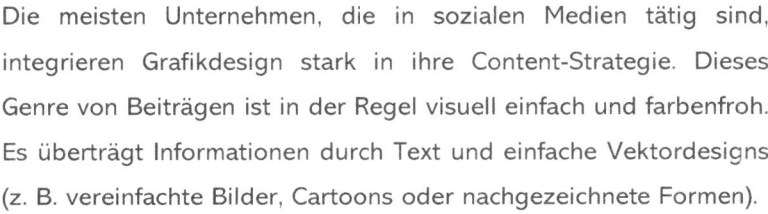

Die meisten Unternehmen, die in sozialen Medien tätig sind, integrieren Grafikdesign stark in ihre Content-Strategie. Dieses Genre von Beiträgen ist in der Regel visuell einfach und farbenfroh. Es überträgt Informationen durch Text und einfache Vektordesigns (z. B. vereinfachte Bilder, Cartoons oder nachgezeichnete Formen).

---

[45] *Instagram: TomoCredit, Mosdotcom, Der Ökonom*

Grafiken dieser Art sind es nicht außerordentlich schwierig zu erstellen und erfordern nur einige Grundkenntnisse im Umgang mit einer beliebigen Anzahl von Online-Design-Tools. Sie können diese Art von Arbeit, die in der Regel billig ist (Outsourcing wird im kommenden Kapitel über Automatisierung und Nachhaltigkeit behandelt), auslagern oder selbst erledigen. Letzteres geschieht in der Regel auf folgenden Plattformen:

Canva (Begriffsklärung - Canva ist ein ultra-simples Do-it-yourself-Grafikdesign-Tool. Es ist kostenlos und bietet eine Vielzahl von vorgefertigten Vorlagen.

Photoshop (Englisch) - Photoshop bietet eine komplette Suite von Fotobearbeitungswerkzeugen. Es erfordert etwas mehr Zeit zum Erlernen als eine Option wie Canva und kostet 20 US-Dollar pro Monat (abhängig von Ihrer Wahl des Creative Cloud-Plans), bietet jedoch eine professionelle, vollständige Bearbeitungsumgebung.

Photopea - Photopea ist ein kostenloser Dienst nach dem Vorbild von Photoshop. Es stellt eine Mischung aus den beiden zuvor beschriebenen Diensten dar.

Um sich für das Urheberrecht und den Stil der von Ihrem Unternehmen herausgegebenen Grafiken inspirieren zu lassen, schauen Sie sich am besten an, was Konkurrenten oder Marken, denen Sie nacheifern möchten, tun, und von dort aus zurückzuarbeiten. Konzentrieren Sie sich auf einfache Botschaften und Texte (nicht auf die Zeit für Absätze oder gründliche Erklärungen!) und integrieren Sie Markenstrategie und -identität.

Foto

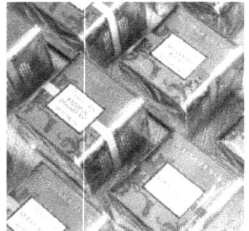

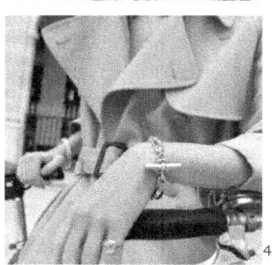
46

Fotografische Inhalte sind die mittlere Stufe in Bezug auf den Schwierigkeitsgrad zwischen Grafik und Video. Gute Fotos erfordern keine obszön teuren Kameras; Die meisten relativ billigen (1-2 Tausend US-Dollar) Canon-Kameras sind mehr als genug (gemietete Ausrüstung erledigt auch die Arbeit). Die Hauptschwierigkeit liegt in der Einrichtung von Fotos, insbesondere bei Produktaufnahmen. Andere Arten von Aufnahmen, die hauptsächlich von Unternehmen verwendet werden - Fotos von Veranstaltungen, dem Geschäftsstandort usw. - werden mit einem Set vorgefertigt, was die daraus resultierende Arbeit erheblich erleichtert.

Wenn es um großartige Produktaufnahmen gehtSie müssen es nur einmal tun - seien Sie bereit, Geld für die Einstellung von

---

[46] *Instagram: Penguin Publishing, Portnum & Mason, David Yurman*

Fotografen auszugeben, um eine erste Charge zu erstellen, wenn Sie sich nicht wohl fühlen, die Fotos selbst zu machen. Wenn Sie sich hinter einer Kamera einigermaßen wohl fühlen, verwenden Sie die Peerspace-App, um Drehorte zu finden. Große Räume kosten nur 25 US-Dollar pro Stunde, während schickere Standorte bis zu 150 US-Dollar oder mehr pro Stunde kosten können. Es sind nur geringe technische Kenntnisse erforderlich, und die Nutzung von vermieteten Räumen wie denen auf der nächsten Seite ist bei weitem der kostengünstigste Weg, um auf hochwertige Fotosets zuzugreifen.

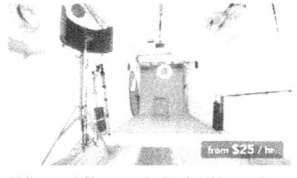 

SF Portrait & Photography Studio: Whitewalls...

Photography Studio with Included Lighting As...

Beim Fotografieren jeglicher Art im Zusammenhang mit einem Unternehmen ist Einfachheit in der Regel besser. Versuchen Sie, sich an ein allgemeines stilistisches Thema und Farbprofil zu halten.

Beachten Sie in den folgenden abstrakten Bildern die Verwendung von Licht, Kontrast und Fokus.

---

[47] *Peerspace-App*

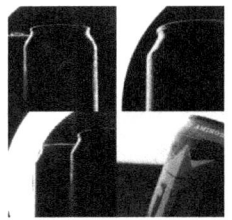 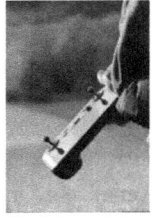 

Beachten Sie in den folgenden Produktbildern die Einfachheit der Hintergründe und Farbprofile.

48

Auch wenn die Eintrittsbarriere für die Aufnahme der Art von Fotos, die von kleinen Unternehmen am häufigsten verwendet werden, wie z. B. Produkt- und Standortaufnahmen, Veranstaltungsmedien und Teambilder, nicht unglaublich schwierig zu erstellen ist, muss betont werden, dass Visuals im Online-Bereich unglaublich wichtig sind. Es ist viel besser, etwas mehr Geld auszugeben und eine Agentur zu beauftragen, als es selbst zu tun, wenn Sie sich bei der Arbeit mit Kameras und Sets nicht wohl fühlen.

Kurz gesagt: Investieren Sie als Unternehmen die Zeit, die Mühe und das Geld, die erforderlich sind, um gut auszusehen. Eine solche Strategie ist in digitalen Umgebungen äußerst notwendig.

---

48 *makerwine.com und shop.tesla.com*

Video

49

Video ist wichtig für Unternehmen, da es eine sehr effiziente Möglichkeit ist, einem Zuschauer in kurzer Zeit eine große Menge an Informationen zu vermitteln (wenn ein Bild mehr sagt als tausend Worte, was ist ein Video wert?).

Egal, ob Sie kurze Clips, längere YouTube-Videos oder Videoanzeigen erstellen, es ist wertvoll zu wissen, wie Sie großartige Videos zu minimalen Kosten produzieren können.

Videografie für Unternehmen lässt sich am besten als Erweiterung der Fotografie betrachten: Halten Sie es visuell einfach und haben Sie nicht das Bedürfnis, sich mit verrückten Sets oder übertriebenen Bearbeitungen zu beschäftigen (oder 4k-Auflösung – 1080p ist in Ordnung). Denken Sie daran, dass Sie beim Filmen von Videos zusätzlich zu einer Kamera Mikrofone benötigen (entweder am Körper oder an der Kamera, um die Arbeit zu erledigen).

Wenn Sie Videos intern erstellen möchten, ist die gleiche Strategie, Videosets über einen Dienst wie Peerspace zu mieten,

---

[49] *Forbes und Beardbrand*

maximal kostengünstig. Die Bearbeitung erfolgt am besten mit Adobe Premiere Pro oder Final Cut Pro. DaVinci Resolve ist eine großartige kostenlose Alternative.

Scheuen Sie sich nicht, die Videoproduktion auszulagern – genau wie bei der Fotografie kommt es darauf an, wie viele Menschen in Ihr Unternehmen eingeführt werden. Es ist viel besser, es zu höheren Kosten richtig zu machen - unterschreiben Sie nur nicht die Vorstellung, dass Sie es nicht direkt intern oder außerhalb eines angemessenen Budgets tun können.

Automatisierung & Nachhaltigkeit

Die meisten Social-Media-Ersteller und -Manager erwähnen nicht, dass *Social Media schwierig ist*. Der Aufbau einer Online-Präsenz ist schwierig. Es ist schwierig, ansprechende Inhalte zu erstellen. Der Aufbau eines optimierten Trichters ist schwierig. Sie müssen hart sein, denn die Beute des Erfolgs ist immens – wie das Sprichwort sagt, wenn es einfach wäre, würde es jeder tun.

Glücklicherweise gibt es einige Tools, die den Betrieb der digitalen Aspekte Ihres Unternehmens erleichtern. **Outsourcing** bedeutet, andere Personen, in der Regel spezialisierte Arbeitskräfte, für bestimmte Teile des Unternehmens einzusetzen. **Automatisierung** baut Systeme auf, die sich selbst ausführen. Nahezu alle Aspekte von Social Media und digitalen Medien können zum Vorteil des Geschäftsinhabers ausgelagert oder automatisiert werden.

Heute ist Outsourcing Dies geschieht über eine Vielzahl von Diensten, die Sie mit spezialisierten Freiberuflern verbinden. Diese Dienste sind aus mehreren Gründen wertvoll: In erster Linie, da sie Sie mit Freiberuflern auf der ganzen Welt verbinden und das Feld auf der Angebotsseite so wettbewerbsfähig ist, erhalten Sie Zugang zu einer großen Auswahl potenzieller Arbeitskräfte und zu niedrigen Preisen. Auf diese Weise sind viele der niederen Aufgaben, die dem digitalen und sozialen Marketing innewohnen, niedrig hängende Früchte, die zu relativ geringen Kosten ausgelagert werden können.

Natürlich, wenn Sie bereit sind, die Arbeit persönlich zu erledigen (auch hier sind Praktikanten großartig dafür), ist dies normalerweise die bessere Option, aber für alle anderen ist Outsourcing der richtige Weg. Hier sind einige allgemeine Aufgaben, die leicht ausgelagert werden können:

- Website-Erstellung.
- Trendforschung.
- Content-Ideenfindung.
- Artikel und Copywriting.
- PPC-Kampagnenmanagement (Pay-per-Click).
- Inhalte veröffentlichen.

Es mag sich seltsam anfühlen, einem Fremden Zugang zu Teilen Ihres Unternehmens zu gewähren. Denken Sie daran, dass Freiberufler auf gute Bewertungen und Mundpropaganda angewiesen sind, um Kunden zu generieren. Durch die Zusammenarbeit mit etablierten Freiberuflern (oder Agenturen), die eine starke Historie und Bewertungsbasis vorweisen, besteht beim Outsourcing absolut kein Sicherheitsrisiko.

Die Hauptschwierigkeit bei der Zusammenarbeit mit Freiberuflern besteht darin, dass sie mit der Funktionsweise und Markenstrategie Ihres Unternehmens nicht so vertraut sind wie Sie und Ihre Mitarbeiter (aus diesem Grund sind die am leichtesten ausgelagerten Aufgaben diejenigen, die wenig tatsächliche Kenntnisse des Geschäfts erfordern). Es gibt mehrere Abhilfemaßnahmen für das Problem - erstens, teilen Sie einfach Ressourcen, die Freiberufler über Ihr Unternehmen und Ihre Vision aufklären (dies ist viel realistischer, wenn Freiberufler langfristig unter Vertrag stehen), oder zweitens, arbeiten Sie mit einer Agentur zusammen, die ein ungewöhnliches Maß an Zeit und Mühe in das Verständnis Ihres Unternehmens investiert (einfach ausgedrückt, finden Sie gute Freiberufler und Agenturen, mit denen Sie zusammenarbeiten können).

Wo genau diese Freiberufler zu finden sind, beachten Sie die folgende Liste:

- **Fiverr:** Fiverr ist der größte Marktplatz für Freiberufler und präsentiert eine breite Palette an Angeboten. Es ist der am wenigsten geprüfte, aber oft kostengünstigste Service auf dieser Liste.
- **Upwork:** Upwork ist ein Branchenführer im Bereich der Freiberufler, der sich hauptsächlich auf Webentwicklung, Grafikdesign, Schreiben und Marketingdienstleistungen konzentriert. Upwork eignet sich hervorragend für den Aufbau längerfristiger Beziehungen und Verträge.
- **Designhill:** spezialisiert auf Grafik- und Webdesign-Dienstleistungen.
- **Toptal:** Screent Freiberufler, um nur "die besten 3% der freiberuflichen Talente" anzubieten. Toptal konzentriert sich auf Dienstleistungen in den Bereichen Softwareentwicklung, Design und Produktmanagement.
- **Reedsy:** ist auf die Bereitstellung von Dienstleistungen für Autoren spezialisiert, eignet sich jedoch hervorragend für die Einstellung von Redakteuren oder Ghostwritern für Blog-, Text- oder Grafikdesignarbeiten.
- **99designs:** spezialisiert auf Design-Dienstleistungen.
- **Codeable:** spezialisiert auf alles, was mit WordPress zu tun hat.

- **Gun.io:** Spezialisiert auf Software-Engineering.
- **PeoplePerHour:** ideal für kurzfristige Projekte.
- **Skyword:** konzentriert sich auf Schreib- und Content-Strategie.

Wenn Sie es vorziehen, mit einer Agentur zusammenzuarbeiten, die in der Regel teurer ist, aber eine persönlichere Erfahrung und ein größeres Dienstleistungsvolumen bietet. Sie können einige lokale finden, indem Sie einfach bei Google nach "Social-Media-Agentur in meiner Nähe" oder "Agentur für digitales Marketing in meiner Nähe" suchen. Alternativ können Sie eine beliebige Anzahl von Agenturen finden, die digital arbeiten, indem Sie nach den Aufgaben suchen, die Sie auslagern möchten.

Wenn es darum geht, Wenn Sie Aufgaben mit geringer Qualifikation auslagern, entscheiden Sie sich für den besten Preis. Konzentrieren Sie sich bei hochqualifizierten Aufgaben auf Qualität und nicht auf Preis.

Beachten Sie außerdem, dass Freelancer-Websites, auf denen Sie einen Job veröffentlichen müssen, und Freelancer, die um den Platz konkurrieren, häufig dazu führen, dass Freelancer deutlich unter ihrem idealen Preis bieten. Nutzen Sie diesen Prozess im Vergleich zu Websites wie Fiverr, während Sie Stellenangebote anzeigen, die von Freiberuflern veröffentlicht wurden.

Das ist es, was Sie wissen müssen, wenn es um Outsourcing geht — es ist eine leistungsstarke Methode, um den digitalen Marketingprozess (oder wirklich jeden Geschäftsprozess) auf jeder Ebene oder Art von Unternehmen zu vereinfachen und zu beschleunigen.

Der zweite Weg Dieselben Dinge zu tun, ist AutomatisierungFrüher definiert als die Erstellung von Systemen, die sich selbst ausführen, wird Automatisierung besser als die Entfernung menschlicher Arbeit und Anstrengung aus einem Prozess angesehen, typischerweise durch Software und Code. Während beim Outsourcing interne Arbeit durch externe Arbeit ersetzt wird, ist die Automatisierung viel näher an einer einmaligen Lösung: Sobald eine von Menschen dominierte Aufgabe automatisiert ist, kehrt sie selten zurück.

Automatisierung ist im digitalen Raum extrem verbreitet. Unternehmen integrieren Software und Automatisierung in alle Arten von wichtigen Aufgaben, einschließlich derer, die einst von Menschen ausgeführt wurden, sondern auch solcher, die niemals von menschlichen Arbeitern erledigt werden konnten. Betrachten Sie einige Aspekte des digitalen Marketings, die reif für die Automatisierung sind:

- PPC-Management und -Optimierung (z. B. Anpassung der Werbeausgaben gemäß den Leistungsregeln)
- Social Media Engagement (dm Auto-Responder, Auto-Engagement)
- Buchung (Nachplanung)

Die am einfachsten zu implementierende Art der Automatisierung ist SaaS oder Software-as-a-Service, mit der Sie ein monatliches Abonnement bezahlen können, um Software zu verwenden, die einen Aspekt Ihrer digitalen Aktivitäten automatisiert.

Zum Beispiel habe ich Ich habe einige Zeit mit Ivan bei AdsDroid zusammengearbeitet, um meine Amazon-Anzeigen zu verwalten. Seine Software identifiziert automatisch die leistungsstärksten Keywords und ändert die Anzeigengebote im Laufe der Zeit. Auf diese Weise können Sie, ohne selbst etwas programmieren zu müssen, leistungsstarke Softwaretools nutzen, um digitale Workflows zu automatisieren.

Im Folgenden liste ich einige beliebte digitale Automatisierungsdienste sowie deren Verwendungszweck auf:

- **Zapier** - benutzerdefinierte Automatisierung für 5.000 Apps.
- **Hootsuite** - Planen Sie Beiträge, überwachen Sie die Konkurrenz und zeigen Sie einzigartige Analysen an.
- **Später** - Planen Sie Beiträge und verwalten Sie Kommentare.
- **Tailwind** - Planungs- und Analysetool, am besten für Pinterest.
- **CoSchedule** - Massen-Post-Scheduler.
- **Iconosquare** - erweiterte Analysen.
- **BuzzSumo** - Identifizieren Sie Trendthemen und Influencer.
- **Scoop.it** - Kuratieren Sie Inhalte aus anderen Quellen.
- **Erwähnen** - Sehen Sie, wo Ihre Marke erwähnt wird, identifizieren Sie Influencer und überwachen Sie Keywords in Echtzeit.
- **MeetEdgar** - Erstellen Sie eine Bibliothek mit Inhalten, die Sie auf verschiedenen Plattformen teilen möchten, und lassen Sie sie automatisch planen und für Sie freigeben.
- **SocialPilot** - Post-Planung, Team-Zusammenarbeit, Bulk-Upload, Verwaltung von Facebook-Werbekampagnen.
- **Facebook Pages Manager** - Verwalten Sie Ihre Facebook-Seiten.

- **Zoho Social** - Terminplaner und Analysetool, ideal für Teams, die digital zusammenarbeiten.
- **PromoRepublic** - lokale Marketingplattform.
- **Audiense Connect** - Twitter-Verwaltung.
- **Napolean Cat** - breite Palette von Automatisierungsfunktionen für plattformübergreifende Kampagnen.

Andere Tools können wie folgt verwendet werden, um die digitale Zusammenarbeit zu verwalten:

- **Slack** - interne Kommunikation.
- **Asana** - Zusammenarbeit an Projekten.
- **Trello** - organisieren Sie Ihre Projekte.

Zusammenfassend lässt sich sagen, dass die Automatisierung eine zweite Methode darstellt, um die Kosten (in Bezug auf Zeit und Aufwand sowie Geld) digitaler Abläufe zu senken. Effizienz ist das Ziel: Da Social Media ein langfristiges Spiel ist, sichert die Eliminierung der kurzfristigen Arbeit und des kreativen Aufwands, die in soziale Medien und alle Arten von digitalen Abläufen gesteckt werden, bei gleichzeitiger Aufrechterhaltung des Outputs die Langlebigkeit und den Erfolg jedes digitalen Unterfangens am besten.

Werbung

Menschen und Unternehmen, die sich mit bezahlter Werbung auskennen, haben im Wesentlichen Zugang zu einem Gelddrucker. Es gibt einen Überschuss an Werbekanälen, die von Facebook und TikTok bis hin zu Google und YouTube reichen. Die meisten Anzeigen zielen darauf ab, ein Produkt oder eine Dienstleistung zu verkaufen, obwohl einige große Unternehmen massive Kampagnen durchführen, nur um den guten Willen der Marke aufzubauen. Gute Anzeigen, die darauf abzielen, ein Produkt oder eine Dienstleistung zu verkaufen, sind lebenslang profitabel. Der Gewinn aus den Anzeigen ist höher als die Werbeausgaben, nicht unbedingt kurzfristig, sondern unter Berücksichtigung des abgeleiteten Lifetime Customer Value (LTV).

Da bezahlte Werbung so skalierbar ist und so viele hundert Millionen Menschen erreicht, sind Break-Even- oder profitable Anzeigen ein unglaublich wertvolles Werkzeug. Natürlich ist Online-Werbung kein Geheimnis, und es ist nicht einfach. Viele Anzeigenbetreiber arbeiten mit Verlust, um den Traffic und den Umsatz für ihre Produkte zu steigern, in der Hoffnung, dass das bezahlte Marketing schließlich eine organische Dynamik aufbaut.

Unabhängig von der objektiven Rentabilität der Werbeausgaben ist eine Person mit der Fähigkeit, die Effektivität der Anzeigen eines Unternehmens zu verbessern, unabhängig davon, wie effektiv diese ist, für diese Organisation viel Geld wert. Eine Person, die sich durch bezahlte Werbung auszeichnet, kann enorme

Mengen an gezieltem Traffic auf Websites ihrer Wahl lenken, und viele Einzelunternehmer nutzen dies für ihre eigenen Aktivitäten.

Was beinhaltet also bezahlte Werbung? Im Allgemeinen handelt es sich bei der Werbung um einen Trichter. Jeder Werbetrichter hat mehrere Stufen, die die Menschen auf der obersten Ebene in die Marke und das Geschäft einführen und sie auf der untersten Ebene zu zahlenden Kunden machen. Trichter müssen nicht immer zu einem Kaufpunkt geleitet werden, sondern nur zu den KPIs, die in den Abschnitten Marken- und Social-Media-Strategie identifiziert wurden. Betrachten Sie zum Beispiel den folgenden Trichter eines theoretischen Geschäfts:

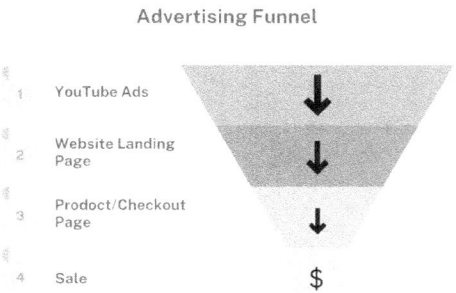

Bei der Erstellung großartiger bezahlter Werbetrichter geht es nicht nur um die Anzeigen. Stattdessen muss jeder Schritt des Trichters optimiert werden, um so viele Menschen wie möglich zur nächsten Stufe zu bringen. Nehmen wir im theoretischen Fall an, dass 1

Million Menschen die YouTube-Anzeige des kleinen Unternehmens sehen. Von den 1 Million klicken nur 10.000 auf die Anzeige und gelangen zur Zielseite. Dann gelangen nur 1.000 zur Produkt-Checkout-Seite und 100 werden in einen Verkauf umgewandelt. In jeder Phase kann sich ein schlechter Schritt im Trichter (z. B. eine schlechte Website, Anzeige oder Checkout-Seite) drastisch auf die Ergebnisse auswirken. Auf diese Weise muss an jeder Phase gearbeitet werden, um sicherzustellen, dass der bestmögliche Gesamttrichter entsteht. Sehen wir uns Tipps an, um jeden Schritt des Trichters zu erstellen und zu verbessern.

An der Spitze eines bezahlten Werbetrichters befindet sich eine Anzeige, die den Nutzern eines bestimmten Mediums, z. B. einer Social-Networking-Website, angezeigt wird. Anzeigen sind in der Regel die Phase mit der niedrigsten Conversion-Rate des gesamten Trichters, da die Nutzer auf den meisten Plattformen übermäßig vielen Anzeigen ausgesetzt sind. Während das Thema Anzeigenerstellung in den Abschnitten der einzelnen Anzeigenplattformen gründlich untersucht wird, sollten Sie sich bei der Erstellung von Anzeigen auf die folgenden wichtigen Dinge konzentrieren:

Erstellen Sie mit Blick auf Ihr Publikum. Sie erstellen keine Werbung für alle. Du erstellst Anzeigen, die so gestaltet sind, dass sie bei deiner Zielgruppe (deinen zukünftigen Kunden) Anklang finden. Behalten Sie diese Gruppe und ihre spezifischen Probleme im Fokus.

Copywriting/Sprechen. Je nach Format (Foto, Video, Text usw.) haben Sie eine kurze Zeit, um Ihren Zuschauern eine Botschaft zu übermitteln. Bei Videoanzeigen müssen Sie einen prägnanten Aufhänger haben (abhängig von der Länge), während bei foto- und textbasierten Anzeigen eine einprägsame Überschrift unerlässlich ist. Arbeiten Sie an der Einfachheit und integrieren Sie die Marken-Slogans, die im Abschnitt "Markenstrategie" identifiziert wurden. Stellen Sie vor allem sicher, dass Sie, wenn Sie in den Schuhen eines potenziellen Kunden wären, weiterhin Ihre eigene Anzeige sehen würden (fragen Sie auch einige Freunde - Sie sind vielleicht ein wenig voreingenommen).

Design (Visuals). Bilder oder Bilder hängen von der Art der Werbung ab, die Sie produzieren möchten. Videoanzeigen unterscheiden sich optisch von Grafiken oder Textanzeigen. Wenn es um Videoanzeigen geht, sollten visuelle und gestalterische Elemente das Messaging und den Call-to-Action unterstützen und fördern. Denken Sie an den Abschnitt über die Markenstrategie zurück und bauen Sie das Design auf diese Entscheidungen auf. Berücksichtigen Sie Tempo und Länge – Sie möchten nur eine 15-Sekunden-Videoanzeige oder vielleicht ein längeres 2-minütiges Video produzieren. Diese Auswahlmöglichkeiten werden im gesamten Abschnitt "YouTube-Anzeigen" ausführlich berücksichtigt. Bei fotobasierten Anzeigen ist es noch wichtiger, dass visuelle Elemente die Botschaft und den Call-to-Action der Anzeige unterstützen. Halten Sie es einfach und markengerecht.

Nachricht. Über den anfänglichen Aufhänger hinaus vermitteln großartige produktorientierte Anzeigen den Zuschauern deutlich den Wert ihres Geschäfts und ihres Angebots. Die meisten identifizieren oder spielen auf ein Problem an und beschreiben die angebotene Lösung, oft auf eine Weise, die soziale Beweise beinhaltet. Unabhängig von der Art der Werbung, die Sie produzieren, behalten Sie die Botschaft im Hinterkopf und halten Sie sie kurz und aussagekräftig.

Call-to-Action. Call-to-Actions ermutigen Kunden, die Maßnahmen zu ergreifen, die zu Ihrem KPI führen. Call-to-Actions können die Form "Jetzt kaufen", "Anruf buchen" oder "Mehr erfahren" annehmen. Was auch immer es ist, stellen Sie sicher, dass es visuell klar und direkt ist. Erwägen Sie, einen Anreiz zu bieten, der über das Wertversprechen des Unternehmens hinausgeht, z. B. einen Rabatt, eine Testversion oder eine Belohnung, und zielen Sie darauf ab, die Dringlichkeit zu erhöhen.

Nach Conversions, die von Anzeigen abgeleitet werden, werden Kunden in der Regel auf eine Art Zielseite weitergeleitet. Eine Landing Page ist ein eigenständiges Webzeitalter, das speziell für eine Marketingkampagne erstellt wurde. Alternativ können Sie die Zuschauer zu einem sozialen Profil Ihres Unternehmens leiten, auf dem Sie eine Fangemeinde aufbauen möchten. Die Zielseite leitet Benutzer in der Regel zur letzten Phase des Trichters weiter, unabhängig davon, ob sie einer E-Mail-Liste beitreten, den geografischen Standort eines Geschäfts besuchen oder ein Produkt online kaufen. Berücksichtigen Sie beim Erstellen von Landing Pages oder Websites die folgenden Best Practices:

Kommunizieren Sie eine Botschaft klar. Die meisten Leute werden Ihre Zielseite fast sofort verlassen. Ihre Seite muss eine starke Überschrift haben, die den Wert der Seite prägnant vermittelt (warum ein Betrachter bleiben sollte). Sie können den Slogan Ihres Unternehmens verwenden oder einen Rabatt anbieten. Egal, wie Sie es tun, stellen Sie sicher, dass jemand in Ihrer Zielgruppe, der noch nicht mit Ihrem Unternehmen in Berührung gekommen ist, in der Nähe bleiben möchte.

Lebendige Grafik und überzeugende Texte. Dies hängt mit Ihrer Markenstrategie als Ganzes zusammen – stellen Sie sicher, dass die Visuals (die ein Muss sind!) und die Farben der Landing Page die Stimmung des Unternehmens vermitteln. Wenn Sie beispielsweise eine Agentur für personalisierte Innenarchitektur sind, können Sie sich für helle, freundliche Farben und Bilder von zufriedenen Kunden und Teammitgliedern entscheiden. Wenn Sie Unternehmenskunden Betriebsberatung anbieten, können Sie eine dunklere und verfeinerte Farbpalette mit datengesteuerten Visualisierungen verwenden. Stellen Sie außerdem sicher, dass auf Ihre Überschrift prägnante, aber aussagekräftige Werbetexte folgen. Testimonials, Fotos mit Kunden und Social Proof Visuals (alles, was kommuniziert, dass Sie echt und professionell sind) funktionieren alle gut.

Starker Call-to-Action. Ihr Call-to-Action bringt die Besucher der Seite dazu, eine Aktion auszuführen, die sie weiter in Ihrem Trichter vorantreibt. Zum Beispiel sind "Herunterladen", "Jetzt herunterladen" und "Anruf buchen" alle Call-to-Actions. Stellen Sie sicher, dass der Call-to-Action auf Ihrer Zielseite klar ist und dass alle Elemente auf der Seite die Zuschauer dorthin führen. Sie können eine Art Rabatt oder Belohnung anbieten, um die Leute zu ermutigen, den Call-to-Action anzunehmen.

Stellen Sie sicher, dass der Call-to-Action-Anmeldeprozess nicht schwierig ist. Wenn Sie beispielsweise auf "Anruf buchen" klicken und dann Seiten mit persönlichen Informationen ausfüllen müssen, werden die Anmelderaten drastisch reduziert, selbst wenn auf den Call-to-Action-Button geklickt wird. Vereinfachen und verkürzen Sie vielmehr die Kundenerfahrung so weit wie möglich.

Wir haben nun die großen Schritte untersucht, die mit der Erstellung eines bezahlten Werbetrichters verbunden sind – zuerst die Anzeige, dann die Zielseite und schließlich der Call-to-Action und das daraus resultierende Verhalten. Wir werden nun mit einer Beschreibung der Top-Werbeplattformen und der wichtigsten Best Practices für jede einzelne fortfahren.

Google Anzeigen

Google Ads ist die Quintessenz der Suchmaschinen-Anzeigenplattform. Es schaltet Anzeigen für die 70.000 Menschen, die jede Sekunde etwas googeln, und für seine insgesamt rund vier Milliarden Nutzer.

Google Ads hat eine durchschnittliche Klickrate von 2 %, was bedeutet, dass ein Nutzer von fünfzig Klicks auf eine 1,2 Millionen Unternehmen nutzen Google-Anzeigen, während Unternehmen durchschnittlich 2 US-Dollar Umsatz pro ausgegebenem Werbedollar erzielen.

50

Zusammenfassend lässt sich sagen, dass Google Ads ein leistungsstarkes Tool für alle Arten von Unternehmen ist. Google-Anzeigen basieren auf einem PPCoder Pay-per-Click-Modell. Das bedeutet, dass Sie nur bezahlen, wenn auf Ihre Anzeige geklickt wird – wenn 1 von 100 Personen auf die Anzeige klickt, zahlen Sie nur für den einen Klick, nicht für die hundert Aufrufe (bekannt als Impressionen). Beachten Sie die folgenden Begriffe nicht nur bei Google-Anzeigen, sondern bei allen PPC-Anzeigenplattformen:

- Ein **Schlüsselwort** ist ein Wort oder eine Phrase, die von Nutzern gesucht wird, die Ihre Anzeige sehen.

---

[50] *Google.com*

- Click-Through-Rate, bekannt als **CTR** oder **CTW**, ist Klicks geteilt durch Impressionen oder die Anzahl der Personen, die auf Ihre Anzeige geklickt haben, im Vergleich zur Anzahl der Personen, die sie gesehen haben (z. B. wenn eine von hundert Personen auf eine Anzeige klickt, beträgt die Klickrate 1 %).

- Ein **bieten** ist, wie viel Sie bereit sind, für jeden Klick zu bezahlen. Werbeplattformen funktionieren wie Auktionshäuser: Da viele Unternehmen um die gleichen Keywords konkurrieren, erhält nur die Anzeige mit dem höchsten Gebot die Platzierung.[51]

- Dein **CPC**oder Kosten pro Klick sind die Kosten für Anzeigen geteilt durch die Anzahl der Klicks.

- **ROAS**oder Return on Ad Spend, entspricht dem Gesamtwert der Conversion (z. B. verkaufte Einheiten oder generierte Kunden) geteilt durch die Gesamtkosten. Es ähnelt auf diese Weise dem ROI, aber denken Sie daran, dass es auf Einnahmen geteilt durch Kosten und nicht auf Gewinn basiert.

Unter Berücksichtigung dieser Begriffe sollten Sie ads.google.com besuchen, um mit Google-Anzeigen zu beginnen. Beachten Sie, dass Google Erstnutzern, die 500 US-Dollar für Anzeigen ausgeben, ein kostenloses Anzeigenguthaben in Höhe von 500 US-Dollar gewährt.

Sobald Sie sich mit Ihrer geschäftlichen E-Mail-Adresse angemeldet haben, befolgen Sie einige kurze Einrichtungsschritte.

---

[51] Dies ist eine Vereinfachung. Bleiben Sie vorerst dabei, aber denken Sie daran, dass Qualität zählt, nicht nur der Angebotspreis.

Sie gelangen auf die Seite "Jetzt ist es an der Zeit, Ihre Anzeige zu schreiben".

Konzentrieren Sie sich beim Schreiben von Texten darauf, es einfach zu halten. Sie haben nur begrenzten Platz, also denken Sie an Ihre Zielgruppe und Botschaft zurück. Fügen Sie einen Call-to-Action hinzu und stellen Sie sicher, dass Ihre Anzeigen mit dem übereinstimmen, was die Zuschauer erleben, wenn sie auf die Anzeige klicken und den Trichter durchlaufen. Verwenden Sie Social Proof, und wenn Sie beabsichtigen, lokal zu werben, machen Sie deutlich, dass Sie ein bestimmtes lokales Gebiet bedienen.

Wählen Sie auf der nächsten Seite bestimmte und relevante Keywords aus, von denen Sie sich vorstellen, dass sich jemand für Ihr Produkt oder Ihre Dienstleistung interessiert würde suchen. Geben Sie dann die Standorte an, an denen Ihre Anzeige geschaltet werden soll. Wenn Sie ein Unternehmen mit einem physischen Standort sind, gehen Sie hyperlokal. Wenn nicht, wählen Sie Bereiche aus, die die demografische Gruppe, auf die Sie abzielen, am besten repräsentieren.

Wählen Sie schließlich ein angemessenes Budget (fangen Sie klein an, aber nicht klein genug, dass die Ergebnisse schwer zu messen sind). Sobald Sie Zahlungsinformationen hinzugefügt haben, können Sie loslegen! Bestätigen Sie einfach, dass das Guthabenangebot in Höhe von 500 USD auf Ihr Konto angewendet wird (sichtbar, wenn Sie Zahlungsinformationen hinzufügen).

Das Google Adds-Algorithmus integriert einen Qualitätsfaktor in Gebote. Aus diesem Grund kann es einige Zeit dauern, bis neue Konten und Kampagnen einsatzbereit sind – verstehen Sie, dass dies Google ist, das die Qualität Ihrer Anzeige ermittelt, und nicht Ihre Schuld.

Wenn Sie weiterhin Google-Anzeigen verwenden, sollten Sie die folgenden Strategien und Best Practices berücksichtigen:

- **Überschriften und Beschreibungen von A/B-Tests.** Bei dem Werbespiel geht es darum, so viele Anzeigen und Keywords wie möglich zu testen und sie zu sortieren, um die besten Performer zu identifizieren. Führen Sie dazu A/B-Tests durch, indem Sie neue Anzeigen erstellen, die nur eine Variable der leistungsstärksten Anzeigen ändern. Wenn Sie beispielsweise Personen in Kanada mit dem Suchbegriff "Kameraausrüstung kaufen" ansprechen, versuchen Sie, mit demselben Keyword im Vereinigten Königreich zu werben. Split-Tests auf diese Weise im Laufe der Zeit sowie die Überlagerung von demografischen und Interessengebieten (auf anderen Plattformen sowie Google) sind die bewährte Formel für langfristigen PPC-Erfolg.
- **Eliminieren Sie leistungsschwache Keywords und Standorte im Laufe der Zeit.** Indem Sie viele Keywords testen und konsequent die ertragsschwächsten entfernen, bauen Sie die profitabelsten und kostengünstigsten Anzeigen auf.
- **Werben Sie mit den Keywords der Mitbewerber.** Wenn Menschen nach Mitbewerbern suchen, die ähnliche Produkte oder Dienstleistungen wie Sie anbieten, werden sie wahrscheinlich auch an Ihren Produkten und Dienstleistungen interessiert sein. Fügen Sie also einfach die Namen Ihrer Konkurrenten als Keywords hinzu, auf denen Ihre Anzeigen geschaltet werden. Konzentrieren Sie sich bei der Anwendung dieser Strategie darauf, was Sie in

den Überschriften und Beschreibungen von der Konkurrenz unterscheidet.

Beachten Sie, wie sich diese Strategien in einer Buchaktion auswirken, die ich gerade durchführe (unten). Die Anzeige arbeitet mit einer niedrigen CTR von 1 % und einem ähnlich niedrigen CPC von 0,05 USD. Angesichts der Tatsache, dass etwa 3 % der Klicks in einen Verkauf umgewandelt werden und der durchschnittliche Gewinn aus jedem Verkauf 3,5 US-Dollar beträgt, generiert die Anzeige einen Gewinn-ROAS von 1,8 oder 1,8 US-Dollar Bruttogewinn pro Dollar, der für Werbung ausgegeben wird.

Zusätzlich zu diesen übergreifenden Strategien finden Sie hier einige Tools, die Ihnen helfen können, Keywords zu identifizieren und Anzeigen zu optimieren:

- **SEMrush**: leistungsstarke Keyword-Recherche und -Analyse.
- **SpyFu:** Keyword-Tracking und Konkurrenzforschung.
- **Antworten Sie der Öffentlichkeit**: Sehen Sie, was die Leute suchen.
- **ClickCease**: Verhindern Sie Klickbetrug und klicken Sie auf Farmen.

- **Dashword**: Optimieren Sie den Anzeigentext.

Abschließend möchte ich noch einmal betonen, dass Google mit Abstand die größte Anzeigenplattform der Welt ist, mit Milliarden von Verbrauchern, die auf seine Anzeigen klicken. Geben Sie ihm Zeit und verstehen Sie, dass die Rentabilität nicht nur vom Glück abhängt, wenn es um den PPC-Erfolg geht, sondern auch von der Arbeit, die Sie in die Optimierung von Kampagnen investieren.

YouTube-Anzeigen

Als weltweit führende Video-Sharing-Site verzeichnet YouTube über zwei Milliarden Besucher pro Monat. Im Vergleich zu textbasierten Google-Anzeigen können Sie mit YouTube ein Publikum auf eine sehr visuelle – und, wenn es richtig gemacht wird, ansprechende – Weise ansprechen.

Da Google YouTube besitzt, können YouTube-Anzeigen auf der Google Ads-Plattform eingerichtet werden, und YouTube ermöglicht es Ihnen, Videos in den Google-Suchergebnissen zu bewerben.[52] Wir konzentrieren uns auf Videowerbung innerhalb der YouTube-Plattform.

YouTube-Anzeigen können verwendet werden, um das Engagement zu erhöhen und das Abonnentenwachstum auf einem YouTube-Kanal zu steigern, oder (wie es beliebter ist), um Zuschauer in einen Trichter zu treiben, um letztendlich mit einem bestimmten Unternehmen in Kontakt zu treten. Beachten Sie in der folgenden Kampagne von mir den spottbilligen CPV oder Cost-per-View. Im

---

[52] Sowie Werbung für Nur-Text-Anzeigen innerhalb von YouTube.

Wesentlichen konnte diese Kampagne für etwa 100 US-Dollar die durchschnittliche Anzahl der Aufrufe des Kanals zu diesem Zeitpunkt effektiv verdoppeln, die Anzeige fast 300.000 Personen in der Nähe des Unternehmens hinter dem Kanal anzeigen und eine erhebliche Abonnententraktion generieren.

Beachten Sie alternativ die folgende Kampagne, die entwickelt wurde, um Klicks zu generieren und Kunden auf eine Website zu lenken. Jedes dieser gegensätzlichen Modelle oder eine Kombination aus beiden kann gemäß Ihren digitalen und sozialen Strategiezielen verwendet werden.

Beachten Sie nun die verschiedenen Arten von YouTube-Anzeigen wie folgt:

Überspringbare In-Stream-Videoanzeigen: Diese Anzeigen werden vor (Pre-Roll) oder während eines Videos (Mid-Roll) abgespielt und können nach fünf Sekunden übersprungen werden. Wie beim PPC-

Modell zahlen Sie nur, wenn ein Zuschauer auf die Anzeige klickt oder entweder das gesamte Video (wenn es weniger als dreißig Sekunden lang ist) oder die ersten dreißig Sekunden ansieht.

Nicht überspringbare In-Stream-Videoanzeigen: Da die meisten YouTube-Zuschauer Anzeigen bei der Fünf-Sekunden-Marke automatisch überspringen, bietet YouTube nicht überspringbare In-Stream-Anzeigen an. Diese Anzeigen, die bis zu 15 Sekunden lang sein können, können von den Nutzern nicht übersprungen und weder vor noch während eines Videos abgespielt werden. YouTube berechnet jedoch Gebühren für Impressionen für nicht überspringbare Anzeigen, im Gegensatz zu pro Klick oder pro Ansicht. Daher müssen die erhöhten Kosten für nicht überspringbare Anzeigen gegen das erhöhte Engagement abgewogen werden.[53]

Discovery-Anzeigen werden neben den Suchergebnissen angezeigt, nicht vor oder während eines Videos. Im Gegensatz zu Zuschauern, die sich das Video direkt ansehen, haben sie die Möglichkeit, darauf zu klicken und auf das zugehörige Video oder den Kanal weitergeleitet zu werden. Discovery-Anzeigen ermöglichen drei Textzeilen zusätzlich zu einem Video und eignen sich aus diesem Grund gut für Unternehmen mit bissigen Texten (insbesondere Kopierskripten, die auf anderen Werbeplattformen gut funktionierten) und einem geringeren Fokus auf den reinen Videoansatz.

---

[53] Es gibt auch Bumper-Anzeigen, bei denen es sich um eine Form von nicht überspringbaren Anzeigen handelt, die nur 6 Sekunden lang sind. Angesichts der Länge eignen sich Bumper Ads am besten für Kampagnen zur Markenreichweite und -bekanntheit, nicht für Kampagnen, die darauf abzielen, ein lokales Publikum zu erreichen oder ein Produkt zu verkaufen.

Um eine erste Kampagne einzurichten, melden Sie sich in Ihrem Google Ads-Konto an oder registrieren Sie sich bei ads.google.com (beachten Sie, dass das Guthaben von 500 USD für Ihr Google Ads-Konto auch für YouTube-Anzeigen gelten kann).

Klicken Sie auf "Neue Kampagne". Wählen Sie ein Kampagnenziel aus, genau wie beim Einrichten einer Google-Anzeige, und stellen Sie bei der Auswahl des Kampagnentyps sicher, dass Sie "Video" auswählen.[54] Möglicherweise müssen Sie ein Conversion-Tracking einrichten, bei dem es sich um eine einfache Website-Integration handelt, je nachdem, welches Ziel Sie wählen.

Wählen Sie dann den Untertyp der Kampagne aus (das sind die oben beschriebenen Anzeigentypen). Ignorieren Sie "Outstream" und "Anzeigensequenz" vorerst. Wählen Sie die Sprache der Anzeige, die Orte, an denen Sie werben möchten, das Kampagnenziel (die automatische Auswahl ist in Ordnung, und Sie müssen als Erstnutzer keine Zielkosten pro Aktion festlegen) und Ihr Budget.

Sie können jetzt eine benutzerdefinierte Zielgruppe erstellen, die demografische Merkmale, Interessen und Remarketing umfasst (z. B. Benutzer, die sich bereits mit Ihren Inhalten oder Ihrer Website beschäftigt haben). Entwerfen Sie Ihre benutzerdefinierte Zielgruppe um die Zielgruppe herum, die Sie im Abschnitt Markenstrategie für Ihr Unternehmen definiert haben. Achten Sie darauf, nicht zu spezifisch zu sein, da sonst die Reichweite der Anzeige begrenzt ist. Was Platzierungen angeht – wenn Sie neu in der Online-Werbung sind, werfen Sie ein breites Netz durch ein paar Dutzend Keywords, Themen und Platzierungen, die zu Ihrer

---

[54] Sie können auch direkt auf die Seite zum Einrichten von Videoanzeigen gelangen, indem Sie "YouTube-Anzeigen" googeln.

Zielgruppe passen. Google erledigt dies für Sie basierend auf dem Inhalt des Videos, mit dem Sie werben, sodass Sie sich auch dafür entscheiden können, Platzierungen als "beliebig" zu belassen.

Möglicherweise müssen Sie Inhalte für ein Begleitbanner hinzufügen – wenn dies der Fall ist, lassen Sie sie einfach von Google automatisch für Sie generieren. Stellen Sie schließlich sicher, dass Sie einen starken Call-to-Action und eine Überschrift für die Anzeige unter der Videowerbung auswählen.

Sie können jetzt auf "Kampagne erstellen" klicken. Ihre Anzeige sollte innerhalb weniger Stunden geschaltet werden. Beachten Sie diese Strategien und Tipps, wenn Sie weiterhin YouTube-Anzeigen schalten:

Stellen Sie sicher, dass Ihr **Google Ads-Konto mit Ihrem YouTube-Kanal verknüpft ist**. Klicken Sie dazu auf "Extras & Einstellungen", "Setup" und "Verknüpfte Konten".

Setze YouTube-Anzeigen auf "Nicht gelistet". YouTube-Anzeigen müssen auf YouTube hochgeladen werden. Wenn du beabsichtigst, Videos für Werbeanzeigen zu verwenden, sie aber nicht auf deinem Hauptkanal veröffentlichen möchtest, setze die Sichtbarkeit in den Videoeinstellungen einfach auf "nicht gelistet". Laden Sie außerdem die YouTube Studio- und Google Ads-Apps herunter, um Analysen für unterwegs durchzuführen.

In einer Studie von Unskippable Labs **wurde festgestellt, dass 30-sekündige überspringbare YouTube-Anzeigen die höchste View-Through-Rate (VTR) aufweisen.** Die ersten fünf Sekunden sind die wichtigsten: Konzentrieren Sie eine Anzeige auf das

Wertversprechen, den Pitch, den Slogan oder das Angebot, das in dieser anfänglichen Zeitspanne erstellt wurde.

Entwerfen Sie Anzeigen speziell für die Anzeige auf Mobilgeräten oder Desktops. Anzeigen für die mobile Anzeige sollten große und klare Text- und Grafikelemente enthalten. Der Desktop bietet mehr Platz für kreative Elemente und Designfunktionen.

Nutzen Sie Kampagnenexperimente. Kampagnen-Experimente (ähnlich wie bei A/B-Tests auf Facebook) ermöglichen es Nutzern, Anzeigen zu kopieren und eine oder mehrere Variablen zu ändern. Auf diese Weise können Sie testen, wie sich das Ändern bestimmter Variablen wie Keywords, Zielseiten oder Zielgruppen auf die Anzeigenleistung auswirkt.

Qualität gewinnt. Das gilt auch für die Authentizität. Qualität und Authentizität stellen zwei gegensätzliche Ansätze für Werbung dar — zum Beispiel eine Superbowl-Werbung mit berühmten Schauspielern, komplexen Sets und visuellen Effekten im Vergleich zu einer Person, die auf ihrem iPhone 6 in ihrem Wohnzimmer aufnimmt. Beide Themen funktionieren — nehmen Sie sich etwas Zeit, um darüber nachzudenken, welche Art von übergreifendem Anzeigenthema und -stil zu Ihrer Marke passt und am besten mit Ihrem Publikum kommuniziert. Es ist fast immer der richtige Schritt, Hilfe von außen in Anspruch zu nehmen, um großartige Anzeigen zu erstellen.

Lernen Sie von Mitbewerbern und von sich selbst. Wenn Konkurrenten, die ähnliche Produkte oder Dienstleistungen wie Sie anbieten, schon seit einiger Zeit YouTube-Anzeigen schalten, haben sie wahrscheinlich etwas herausgefunden. Verwenden Sie ihre Anzeigen als Datenpunkt, wenn Sie überlegen, wie Sie Ihre Anzeigen und Kampagnen gestalten möchten. Wenn Sie auf anderen Werbeplattformen erfolgreich sind, sollten Sie diese Erkenntnisse in Ihren Prozess zur Erstellung und Optimierung von YouTube-Anzeigen einbeziehen. Ihre zusammengefassten Marketingaktivitäten (insbesondere bei digitalen Werbeplattformen) lassen sich am besten als ein Netzwerk betrachten, das im Laufe der Zeit exponentiell lernt, was funktioniert und was nicht.

Wir haben uns jetzt mit YouTube-Anzeigen befasst – als nächstes kommt der Gigant der Social Ads.

Auf Facebook teilen Anzeigen

Während Google die Quintessenz der Suchmaschinen-(Browser-)Werbeplattform ist, ist Facebook die klassische Social-Media-Werbeplattform. Facebook hat fast drei Milliarden monatlich aktive Nutzer, während die durchschnittliche Conversion-Rate (CTR) von Facebook-Anzeigen bei etwa 9 % liegt und 41 % der befragten Einzelhändler angaben, dass ihr ROAS auf Facebook am höchsten war. Facebook ist auch insofern eine leistungsstarke Werbeplattform, als es eine Reihe von Tools bietet, mit denen Werbetreibende die Personen, die sie erreichen möchten, genau ansprechen können, z. B. durch Interessen, Verhaltensweisen, Geschichte usw. Während die Targeting-Fähigkeit von Facebook-

Anzeigen in letzter Zeit aufgrund von Datenschutzbedenken abgenommen hat, bietet es im Vergleich zu den meisten großen Werbeplattformen immer noch sehr leistungsstarke Targeting-Tools.

Facebook-Anzeigen sind in Instagram integriert (da Meta, ehemals Facebook, sowohl Facebook als auch Instagram besitzt), so dass über Facebook erstellte Anzeigen gleichzeitig auf Instagram geschaltet werden können.

Schließlich verfügt Facebook über ein "Meta-Pixel" (ehemals Facebook-Pixel), bei dem es sich um einen Code handelt, der Ihrer Website hinzugefügt wird. Auf diese Weise können Sie die Aktionen, die Kunden über Facebook-Anzeigen ausführen, effektiv verfolgen, um die Conversions besser zu überwachen und Kennzahlen. Mit dem Facebook-Pixel kannst du Kunden auch später erneut ansprechen, da es ihre Aktionen verfolgt, sobald sie deine Website besuchen, und diese Daten aggregiert, um Anzeigen automatisch zu optimieren. Pixel können sogar auf Ihrer Website eingerichtet werden, noch bevor Sie mit der Verwendung von Facebook-Anzeigen beginnen.

Gehen Sie dazu auf business.facebook.com unter "Alle Tools" in den "Eventmanager". Klicken Sie auf "Datenquellen verbinden", "Web" und wählen Sie dann "Meta-Pixel" aus. Klicken Sie auf "Verbinden", geben Sie ihm einen Namen und geben Sie die URL Ihrer Website ein. Sie können sich automatisch mit WordPress verbinden. Wenn Sie sich für einen anderen Website-Anbieter als WordPress entschieden haben, suchen Sie nach einem Tutorial zur manuellen Installation des Pixels in diesem System.

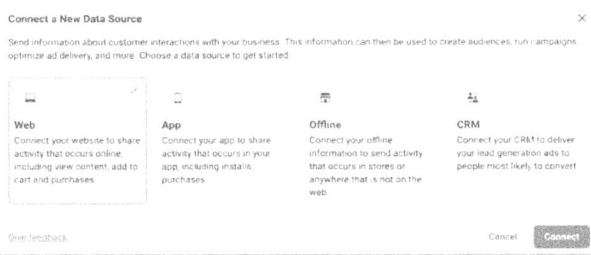

Sobald das Pixel integriert ist, können Sie Ereignisse einrichten. Ereignisse sind Aktionen, die Personen auf Ihrer Website ausführen, z. B. den Kauf eines Produkts, den Beitritt zu einer E-Mail-Liste oder die Buchung eines Meetings. Sie können Events zwar manuell einrichten, dies ist jedoch am einfachsten über das Event-Setup-Tool, das Sie im Meta Events Manager finden.

Nachdem das Pixel ordnungsgemäß installiert und Events erstellt wurden, sehen wir uns die Facebook-Werbeplattform und die Kampagneneinrichtung an.

Bestätige, dass du in deinem Facebook-Geschäftskonto angemeldet bist. Dann besuche facebook.com/adsmanager/manage/campaigns, um direkt zum Werbeanzeigenmanager zu gelangen. Stellen Sie sicher, dass Sie die Meta Ads Manager-App für mobile Analysen herunterladen.

Klicken Sie anschließend auf die Schaltfläche "Erstellen" unter "Kampagne"ns und wählen Sie ein Kampagnenziel aus. Die meisten kleinen Unternehmen entscheiden sich für Verkäufe, Leads oder Bekanntheit. Sobald Sie ausgewählt sind, werden Sie auf die neue Kampagnenseite weitergeleitet. Facebook-Anzeigen funktionieren auf den folgenden drei Ebenen:

Feldzüge Definieren Sie die übergeordneten Ziele Ihrer Werbung, z. B. das Ziel, und machen Sie es einfach, verschiedene Kampagnen nach ihrem zugewiesenen Zweck zu gruppieren.

Anzeigengruppen befinden sich eine Ebene unterhalb von Kampagnen und definieren eine bestimmte Zielgruppe, der Werbung angezeigt wird. Hier legen Sie auch Budget, Zeitplan und Angebote fest.

Zum Schluss noch ein **An** ist das, was Kunden sehen. Auf Anzeigenebene fügst du Text, Bildmaterial und einen Call-to-Action-Button hinzu.

Jede Anzeigengruppe kann also mehrere Anzeigen enthalten, und jede Kampagne kann mehrere Anzeigengruppen enthalten. Während der Einrichtung wirst du aufgefordert, eine Kampagne, eine Adset und eine Werbeanzeige zu erstellen.

Wählen Sie auf dem Bildschirm für die Kampagneneinrichtung einen Namen aus, deaktivieren Sie "A/B-Test" (da dies in der Symbolleiste des Werbeanzeigenmanagers am einfachsten ist), aktivieren Sie "Vorteilskampagnenbudget" und klicken Sie auf Weiter.

Jetzt kannst du auf der Seite zum Erstellen der Anzeigengruppe die Zielgruppe definieren, die du erreichen möchtest. Verbinde dein Pixel, aktiviere "Dynamic Creative" und lege ein Budget fest. Es ist am besten, Ihr Budget auf viele Anzeigen

aufzuteilen (um letztendlich zu den leistungsstärksten Anzeigen zu
gelangen), anstatt alles für eine einzige Anzeige auszugeben.

Wählen Sie als Nächstes Ihre Zielgruppe aus. Zielgruppen
können basierend auf Standort, Alter, Geschlecht, Verbindungen,
demografischen   Merkmalen,   Interessen,   Sprachen   und
Verhaltensweisen angepasst werden. Auch hier geht es bei Anzeigen
wirklich um Experimente, daher sollten Sie darauf abzielen, eine
Vielzahl von Zielgruppen im Laufe der Zeit zu testen. Passen Sie die
Zielgruppe vorerst an den normalen Kundentyp an, den Sie
bedienen. Haben Sie nicht das Bedürfnis, alle Targeting-Optionen zu
nutzen – wenn Ihr Kundenstamm beispielsweise nicht auf ein
bestimmtes Geschlecht ausgerichtet ist, belassen Sie es einfach bei
"allen Geschlechtern". Während es in der Regel besser ist, die
Zielgruppenauswahl von Anfang an spezifisch zu halten, stellen Sie
sicher, dass die von Ihnen gewählte Zielgruppe nicht zu klein ist.
Wenn nicht, werden Sie nicht in der Lage sein, genügend
Impressionen oder sinnvolle Conversions zu generieren. Behalten
Sie "Vorteils-Detail-Targeting" bei und stellen Sie sicher, dass Sie die
Zielgruppe für die weitere Verwendung und A/B-Tests speichern.
Lassen Sie "Cost per Result Goal" vorerst leer.[55]

Sie können nun zur Seite "Anzeigeneinrichtung" wechseln.
Stellen Sie sicher, dass die verbundenen Facebook- und Instagram-
Konten korrekt sind. Wählen Sie dann das Format aus und beachten
Sie, dass "Karussell" am besten geeignet ist, um mehrere Bilder oder

---

[55] Da die Kosten pro Ergebnis sehr unterschiedlich sind, ist es am besten, sich erst dann
ein Ziel zu setzen, wenn Sie eine Baseline festgelegt haben.

Videos anzuzeigen, die Ihre Angebote oder Ihr Unternehmen detailliert beschreiben.

Benutzerdefinierte Medien-PPC-Anzeigen sind am besten – wie bei YouTube-Anzeigen bemerken die Nutzer hochwertige Grafiken, Fotos und Videos. Noch wichtiger ist, dass fast jeder sofort an schlechten vorbeiscrollt. Konzentrieren Sie sich auf Einfachheit und attraktive Grafiken. Achten Sie wie immer darauf, Elemente Ihrer Markenstrategie zu integrieren.

Denken Sie beim Entwerfen Ihrer Anzeige und beim Schreiben von Texten über das Wertversprechen der Anzeige nach – Sie brauchen etwas, das so klebrig oder verlockend ist, dass die Leute sicher nachforschen werden. Dies kann ein großer Rabatt, ein einzigartiges Produkt, ein lokaler Service oder eine herzzerreißende Nachricht sein. Was auch immer es ist, stellen Sie sicher, dass es in der Überschrift, im Haupttext und in den Grafiken deutlich gemacht wird. Die Anzeigenspezifikationen lauten wie folgt:

- **Image-Anzeigen**: Größe: 1.200x628 Pixel. Übersetzung: 1,91:1.
- **Videoanzeigen**: Dateigröße: max. 2,3 GB. Thumbnail-Größe: 1.200 x 675 Pixel.
- **Carousel Ads**: Bildgröße: 1.080 x 1.080 Pixel.
- **Slideshow-Anzeigen**: Größe: 1.289 x 720 Pixel. Verhältnis: 2:3, 16:9 oder 1:1.

Stellen Sie sicher, dass Sie die fünf möglichen Optionen für Überschrift und Beschreibungstext ausfüllen (arbeiten Sie auch hier rückwärts, um Top-Performer aus einem starken Startset zu identifizieren). Gehen Sie nicht Keyword-lastig vor oder versuchen

Sie, übermäßig Clickbaity zu klingen - kommunizieren Sie einfach Ihren Wert.

Wählen Sie abschließend einen relevanten Call-to-Action-Button aus. Sobald du fertig bist, hast du erfolgreich eine Kampagne, eine Anzeigengruppe und eine Werbeanzeige erstellt. Jetzt müssen Sie nur noch auf "Veröffentlichen" klicken.

Befolgen Sie die im Abschnitt "Google-Anzeigen" beschriebene Strategie, indem Sie Ihr Budget auf mehrere Anzeigen und Anzeigengruppen aufteilen, die leistungsschwächsten Personen entfernen, A/B-Tests für die leistungsstärksten Personen durchführen und diesen Prozess im Laufe der Zeit fortsetzen (oder in dem Umfang, der Ihrem Unternehmen am besten dient). Zum Schluss noch ein paar kurze Tipps, die Sie beachten sollten:

- Erstellen Sie Facebook Canvas Ads: Sie sind zwar aufwändiger zu erstellen, erhöhen aber nachweislich das Engagement.
- Erhöhen Sie die Sichtbarkeit von Beiträgen durch das Ziel "Engagement".
- Nutzen Sie das Tool "Lookalike Audience".
- Wählen Sie aus, ob Sie nur Anzeigen auf dem Desktop oder auf Mobilgeräten platzieren möchten (je nachdem, was besser zu Ihrem Trichter passt).

Damit sind Facebook-Werbeanzeigen abgeschlossen. Beachten Sie, dass Datenschutzänderungen Facebook dazu zwingen, seine Tracking-Mechanismen häufig zu aktualisieren. Dieses Buch wird jedes Jahr aktualisiert, um die aktuellen Bedingungen so genau wie möglich widerzuspiegeln, aber verstehen Sie, dass sich der Einrichtungsprozess im Laufe der Zeit ändern kann.

Instagram-Anzeigen

Facebook-Werbeanzeigen werden automatisch auf Instagram angezeigt. Dieser Abschnitt betrifft die Funktion "Gesponserte Beiträge" auf Instagram, mit dem Benutzer Instagram-Posts bewerben können, als wären sie Anzeigen. Instagram-Anzeigen sind eine großartige Möglichkeit, die Bekanntheit zu erhöhen und schnell eine Fangemeinde auf Instagram zu gewinnen.

Um Beiträge zu bewerben, unterschreiben Sie in ein geschäftliches (professionelles) Instagram-Konto. Navigieren Sie zu "Anzeigentools" und tippen Sie auf "Beitrag auswählen". Wählen Sie den Beitrag aus, den Sie bewerben möchten – wenn Sie Ihr Instagram-Konto noch nicht mit der Facebook-Seite Ihres Unternehmens verknüpft haben, ist es jetzt an der Zeit.

Legen Sie dann das Ziel der Anzeige fest, passen Sie die Zielgruppe an, die Sie erreichen möchten, und wählen Sie Ihr Budget aus. Ihre Anzeige wird in Kürze geschaltet.Bleiben Sie über Analytics auf dem Laufenden, entweder über die Analytics-Schaltfläche in jedem Beitrag oder über die Schaltfläche "Ad Tools".

Wenn Wenn Sie einen Instagram-Shop an Ihre Seite angehängt haben, können Sie Ihre Produkte in einem Beitrag markieren und diesen Beitrag dann bewerben, um sie in eine Anzeige aufzunehmen.

Während Instagram-Anzeigen Im Vergleich zu Plattformen wie Google oder Facebook ist es nicht so wahrscheinlich, dass sie asymmetrische Ergebnisse liefern, aber sie sind bemerkenswert stabil und konsistent in den Ergebnissen, die sie liefern, und wie bereits erwähnt, eine großartige Möglichkeit, die Bekanntheit zu erhöhen und eine Fangemeinde zu gewinnen.

Erwägen Die Analytik aus einer kleinen Post-Promotion von mir. 200 US-Dollar an Werbeausgaben generierten etwa 1.400 Likes, 70 Shares und 5.881 Profilbesuche, die zu mehreren hundert neuen Followern führten. Auf einem relativ kleinen Konto war dies ein großer Schub für das Wachstum der Seite und die Bekanntheit des Beitrags.

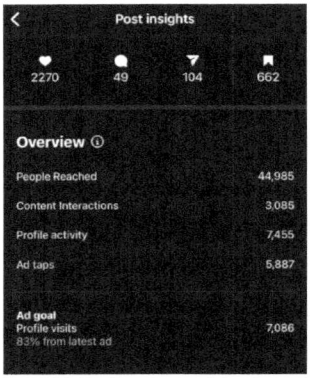

Leider bietet Instagram derzeit keine Belohnungen für erstmalige Nutzer von Instagram-Anzeigen an. Wenn Sie eine Gutschrift wünschen, um eine Werbeanzeige über Facebook zu erstellen, die auf Instagram geteilt werden kann (ohne den Vorteil des Engagements und der Präsenz, einen Beitrag zu bewerben), lesen Sie den Abschnitt Facebook-Anzeigen.

Wir haben jetzt die wichtigsten Werbeplattformen abgedeckt: Facebook, Instagram, Google und YouTube. Wir werden nun eine zweite Ebene von Werbeplattformen untersuchen: Nextdoor, TikTok, Pinterest, Snapchat und Amazon.

Nextdoor-Anzeigen

Dieser Abschnitt wurde mit Einblicken von Blake Martin geschrieben, der Nextdoor Ads nutzte, um sein Geschäft mit Bordsteinmalereien als Highschool-Schüler auf einen sechsstelligen Gewinn zu steigern.

Nebenan ist ein leistungsstarkes Networking- und Lead-Generierungstool für Unternehmen, die eine lokale Kundschaft bedienen. Mit 70 Millionen Nutzern nutzt Nextdoor die Community, um Unternehmen beim Wachstum zu unterstützen – tatsächlich kaufen 88 % der Menschen mindestens einmal pro Woche bei einem lokalen Unternehmen ein und

44 % geben an, dass sie bereit sind, mehr für lokale Unternehmen auszugeben. Daher ist die Nutzung von Nextdoor als Sprachrohr, um deine lokale Community durch Werbung und organische Inhalte zu erreichen, ein absolutes Muss für Unternehmen mit physischen Standorten oder für die Betreuung einer lokalen Community.

Wir werden verschiedene Outreach-Techniken untersuchen, die sich nachweislich positiv auf viele kleine Unternehmen auswirken. Alle Unternehmen sollten ihre Unternehmensseite einrichten und einen ersten Beitrag veröffentlichen, in dem sie ihr Unternehmen auf der Nextdoor-Plattform vorstellen. Wenn Ihr Unternehmen Low-Ticket-Artikel anbietet und am meisten von einem wiederkehrenden lokalen Kundenstamm profitiert, ist die regelmäßige Veröffentlichung organischer Inhalte eine erstklassige

Strategie (im Vergleich zur Werbung, auf die wir weiter unten eingehen werden).

Befolgen Sie im ersten Beitrag entweder das *Sell Yourself-Format* oder die *Sell Your Client-Methode*. Die Sell-yourself-Methode ist klassisch, aber dennoch effektiv. Beginnen Sie damit, Ihr Unternehmen der Community auf sympathische Weise vorzustellen (integrieren Sie Ihre Geschichte so weit wie möglich) und geben Sie dann an, was Sie als Unternehmen von anderen in Ihrer Community unterscheidet (einschließlich relevanter Bilder). Als Beispiel in erster Zeile:

"Hallo, mein Name ist Daegan. Ich bin Friseur in San Francisco und habe mich auf die Behandlung von Haarausfall spezialisiert."

Nextdoor hat ein älteres Publikum als die typische Social-Media-App, daher zeichnete sich Daegan dadurch aus, dass es eine Lösung für ein Problem bot, das häufig bei älteren Bevölkerungsgruppen zu finden ist. Ob du dies in deinem Nextdoor-Pitch replizierst, hängt davon ab, wo du wohnst – analysiere einfach die Altersgruppen und Demografien in deiner Community.

Geben Sie in dem Beitrag auch die Preise für Ihr Produkt/Ihre Dienstleistung an und schließen Sie mit Kontaktinformationen und dem Standort des Geschäfts (falls relevant) sowie Rabatten oder Belohnungen ab. Sie können sich diese Initiale vorstellen

Nextdoor-Post als Teil Ihres Trichters: Das Ziel ist es, die Leute dazu zu bringen, sich mit dem Post zu beschäftigen und dem Call-to-Action zu folgen.

Beim zweiten Post-Format, der sogenannten *Sell-your-Client-Methode,* geht es darum, Ihren Kunden dazu zu bringen, die

Vorteile zu berücksichtigen, die er von Ihren Produkten oder Dienstleistungen erfahren würde. Im Gegensatz zu Daegan, der einfach nur sein Geschäft beschreibt, könnte er zum Beispiel ein Vorher-Nachher-Foto seiner Behandlung gegen Haarausfall posten. Durch die Beschreibung eines Stammkunden und wie er seine Probleme löst, werden Menschen, die dem Zielkundenprofil entsprechen, stark reagieren – im Wesentlichen wird der Betrachter durch visuelle Hinweise, Testimonials und verlockende Sprache darüber nachdenken, was Ihr Produkt/Ihre Dienstleistung für ihn tun könnte.

Stellen Sie vor allem sicher, dass Ihre Beiträge eine Geschichte erzählen. Auf Nextdoor willst du nicht wie eine generische Werbung klingen, aber gleichzeitig dein Unternehmen nicht wie ein Hobby klingen lassen. Erzählen Sie stattdessen eine nachvollziehbare, professionelle und fesselnde Geschichte, die mit einem Aufruf zum Handeln endet. Stellen Sie sicher, dass Sie sich engagieren, sobald Sie den Beitrag geteilt haben – das Beantworten von Kommentaren trägt wesentlich dazu bei, die Verbindungen zu stärken.

Zusammenfassend lässt sich sagen, dass Sie überrascht sein werden, welche Auswirkungen ein starker Nextdoor-Beitrag auf Ihr Unternehmen haben kann. Apps wie Nextdoor neigen dazu, den Schneeballeffekt zu veranschaulichen – wenn Ihr Beitrag explodiert, wird sich jeder in einer Community verpflichtet fühlen, Ihr Unternehmen auszuprobieren, angetrieben von FOMO und dem Wunsch, lokale Unternehmer zu unterstützen.

Über organische Inhalte hinaus ist Werbung über Nextdoor ein leistungsstarkes Tool, das sich ideal für Unternehmen eignet, die hochpreisige Artikel oder Dienstleistungen verkaufen. Beachten Sie, dass Nextdoor-Anzeigen nicht nach einem PPC-Modell geschaltet werden – stattdessen zahlen Sie im Voraus, und Anzeigen mischen sich mit organischen Inhalten auf dem Nextdoor-Tab "Startseite". Da Nextdoor den Nutzern im Vergleich zu den meisten anderen sozialen Plattformen relativ wenige Anzeigen zeigt, sind die Conversions in der Regel besser, auch wenn Tracking und Analysen schlechter sind.

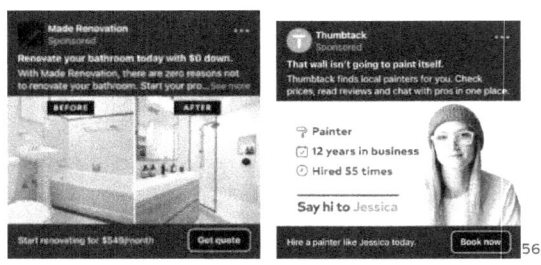

Um loszulegen, besuchen Sie business.nextdoor.com. Klicke auf "Beanspruche deine kostenlose Unternehmensseite" und vergewissere dich, dass du mit deinem persönlichen Nextdoor-Konto angemeldet bist. Geben Sie den Namen, die Adresse und die Kategorien (wählen Sie mehrere aus!) des Unternehmens ein. Wenn Sie auf "Seite erstellen" klicken, werden Sie zu einer Seite zur Anzeigenerstellung weitergeleitet. Wählen Sie ein Ziel für Ihre Kampagne: "Erhalten Sie mehr Direktnachrichten" eignet sich am besten für Unternehmen, die hochpreisige Artikel verkaufen oder um Leads herum aufgebaut sind, "Website-Besuche erhöhen" eignet sich am besten für ein Unternehmen, das eine Reihe von Produkten online verkauft, und "Bewerben Sie einen Verkauf oder Rabatt" ist am besten, wie Sie sich vorstellen können, wenn Sie einen starken

---

[56] *Nebenan: Gemachte Renovierung, Reißzweck*

Verkauf oder Anreiz haben, Werbung zu machen. Führen Sie je nach gewähltem Kampagnenziel den folgenden Schritt aus:

Erhalten Sie mehr Direktnachrichten. Schreiben Sie einige benutzerdefinierte Eingabeaufforderungen, in denen häufig gestellte Fragen und Fragen aufgeführt sind, die potenzielle Kunden wahrscheinlich stellen werden. Füllen Sie nicht weniger als drei und nicht mehr als sieben aus.

Bewerben Sie einen Verkauf oder Rabatt und erhöhen Sie die Website-Besuche. Konzentrieren Sie sich bei Anzeigeninhalten auf Zuordenbarkeit und Einzigartigkeit. Identifizieren Sie die wichtigsten Verkaufsargumente und Slogans aus dem Abschnitt "Markenidentität" (für die Überschrift) und verwenden Sie Umfragen, Statistiken und Testimonials als sozialen Beweis (für das Bild). Stellen Sie sicher, dass der Click-through-Link zu einer optimierten Zielseite führt und der Call-to-Action-Button zur Zielseite passt.

Überlegen Sie sich dann, in welchem Bereich Sie Ihre Anzeigen vermarkten möchten. Analysieren Sie dazu, wo Ihre aktuellen Kunden leben, wie sie Sie finden und wie weit sie bereit wären, für Ihr Produkt oder Ihre Dienstleistung zu fahren. Lokal zu starten und im Laufe der Zeit zu expandieren, ist in der Regel der richtige Weg.

Legen Sie abschließend das Budget fest und klicken Sie auf Veröffentlichen. Da Nextdoor-Anzeigen nicht auf einem PPC-Modell basieren, ist die Aktualisierung und Optimierung von Werbekampagnen im Laufe der Zeit weitgehend eine Frage der Schaltung vieler, kostengünstiger Anzeigen (3 bis 10 US-Dollar pro

Tag) und der Umstellung der Werbeausgaben im Laufe der Zeit auf Top-Performer.

Nextdoor hat wirklich Wunder für mein Unternehmen bewirkt, und ich bin fest davon überzeugt, dass es das Gleiche für viele Unternehmen tun kann, die auf ihre lokale Gemeinschaft angewiesen sind, um zu wachsen und zu gedeihen. Vielleicht ist Ihr Nachbar ja doch Ihr bester Kunde!

TikTok-Anzeigen

TikTok (Englisch) hat in letzter Zeit die Werbewelt im Sturm erobert, und viele Online-Verkäufer sprechen von einem Goldrausch. TikTok-Anzeigen eignen sich am besten für Unternehmen, die Zielgruppen unter 30 Jahren mit Produkten oder Dienstleistungen ansprechen möchten, die online angeboten werden (z. B. versuchen Sie nicht, lokal auf TikTok zu werben). TikTok-Anzeigen werden über andere Apps im TikTok-Netzwerk verteilt, insbesondere über Pangle und BuzzVideo.

Alle TikTok-Anzeigen sind kurz und vertikal ausgerichtet. Extrem kurz funktioniert am besten, also unter der 15-Sekunden-Marke (obwohl noch kürzer oft besser ist). Optisch ansprechende sowie ausdrucksstarke Botschaften sind ein Muss.

Beim Einrichten Ihrer ersten Kampagnewerden Sie unter "Neu erstellen" aufgefordert, die Anzeigenplatzierungen auszuwählen: Sie können sich entweder für die automatische Platzierung entscheiden, bei der TikTok für Sie auswählt, oder manuell auswählen und auswählen, wo Ihre Anzeigen geschaltet werden sollen. Zunächst ist es am besten, entweder die automatische Platzierung zu verwenden oder eine Vielzahl von manuellen Platzierungen mit einem begrenzten Budget zu testen. Sie können dann benutzerdefinierte Zielgruppen ähnlich wie auf Facebook erstellen (beachten Sie, dass TikTok-"Anzeigengruppen" den Facebook-"Anzeigengruppen" entsprechen). Beachten Sie, dass TikTok ein Pixel hat, das dem des Facebook-Pixels ähnelt.

Abschließend möchte ich nicht empfehlen, TikTok-Videos als Anzeigen zu veröffentlichen, nur um die Bekanntheit zu erhöhen und eine Fangemeinde aufzubauen. TikTok ist im Vergleich zu fast jeder anderen sozialen Plattform einfach nicht schwer durch organische Inhalte zu wachsen, und es ist unplausibel, durch Anzeigen, die darauf abzielen, die Bekanntheit zu erhöhen, auch nur annähernd die Gewinnschwelle zu erreichen. Ich habe mit einem Unternehmen zusammengearbeitet, das genau zu diesem Zweck Tausende von Dollar in TikTok-Anzeigen gesteckt hatte – sein Konto, obwohl es verifiziert war und ein großes soziales Team hatte, rannte sich selbst in den Boden und sammelte nur ein paar hunderttausend Likes, was sich in einer Fangemeinde von unter 10.000 und einem fast vollständigen Verlust in Bezug auf den ROAS niederschlug.

Stattdessen Hebelwirkung In-Feed-TikTok-Anzeigen, um Benutzer zum Besuch einer Zielseite zu ermutigen. Legen Sie mit getstarted.TikTok.com los.

Pinterest-Anzeigen

Pinterest (Englisch) Anzeigen eignen sich am besten für Unternehmen mit stark visuellen Inhalten und Angeboten und oft mit einem zentralen Thema des Designs. Bei den meisten Pinterest-Anzeigen handelt es sich um "gesponserte Pins", die in Feeds neben regulären Pins erscheinen. Gesponserte Karussells sind eine ansprechende Alternative zu gesponserten Pins. Pinterest hat ein Äquivalent zu einem Facebook-Pixel, das als Pinterest-Tag bezeichnet wird, also stellen Sie sicher, dass Sie es auf Ihrer Website installieren, bevor Sie Werbekampagnen starten. Beginnen Sie dann bei business.pinterest.com und stellen Sie sicher, dass Sie die bisher beschriebenen Optimierungspraktiken befolgen.

Snapchat-Anzeigen

Snapchat (Englisch) Anzeigen eignen sich am besten für Unternehmen, die ihre Produkte oder Dienstleistungen online verkaufen und jüngere Bevölkerungsgruppen ansprechen möchten. Bei den meisten Snapchat-Anzeigen handelt es sich um Kurzvideos, die in der App gezeigt werden und die Nutzer dazu anregen, nach oben zu wischen und einen vom Werbetreibenden bereitgestellten Link zu besuchen. Diese Anzeigen sind nur 3-10 Sekunden lang, daher müssen sie in der kurzen Zeit, die ihnen zur Verfügung steht, eine erhebliche Wirkung erzielen. Wenn Snapchat-Anzeigen zu Ihrem Unternehmen passen, überlegen Sie genau, wie Sie Ihre Nachrichten in ein kurzes Videoformat umwandeln können. Legen Sie mit ads.snapchat.com los.

Amazon-Anzeigen

Amazonas Anzeigen können nur von Anbietern verwendet werden, um für die Produkte zu werben, die sie bereits bei Amazon eingestellt haben. Wenn Sie Produkte bei Amazon gelistet haben, sollten Sie in Betracht ziehen, Amazon-Anzeigen in Ihre digitale Strategie zu integrieren, um das Produktranking zu verbessern und Bewertungen zu generieren, insbesondere zu neu eingeführten Produkten. Amazon bietet verschiedene unterschiedliche Arten von Anzeigen an: gesponserte Produkte, gesponserte Marken und Videoanzeigen (Videoanzeigen erfordern insbesondere nicht, dass Sie für ein bei Amazon verkauftes Produkt werben). Ich empfehle, gesponserte Produkt- und Markenanzeigen nur dann zu nutzen, wenn Sie Produkte bei Amazon verkaufen – andernfalls halten Sie sich an Google-, Facebook- und YouTube-Werbung für Produkte und Dienstleistungen, die nicht über Amazon verkauft werden. Beachten Sie dabei, dass Amazon ein ähnliches PPC-Modell wie die bisher untersuchten Plattformen verwendet. Befolgen Sie einfach diese Best Practices und besuchen Sie advertising.amazon.com, um loszulegen.

So sieht ein Tag einer optimierten Amazon-Werbekampagne aus (Verkauf eines Produkts im Wert von etwa 9 US-Dollar):

Spend	Sales	Impressions	Clicks	ACOS
$31.14 TOTAL	$101.50 TOTAL	34,582 TOTAL	63 TOTAL	30.68% AVERAGE

Hier ist die gleiche Kampagne, als sie zum ersten Mal lief:

LinkedIn-Anzeigen

Anmelden Anzeigen eignen sich am besten für B2B-Unternehmen (Unternehmen, die Produkte oder Dienstleistungen an andere Unternehmen verkaufen) und solche, die professionelle Produkte oder Dienstleistungen verkaufen.

Um mit LinkedIn-Anzeigen zu beginnen, klicken Sie auf "Werben" im gepunkteten Feld oben rechts auf der Startseite. Richten Sie ein Kampagnenmanager-Konto ein und klicken Sie auf "Erstellen" und "Kampagne". [57] Stellen Sie sicher, dass Sie das LinkedIn Insight-Tag (entspricht dem Facebook-Pixel) im Laufe der Zeit einrichten.

Befolgen Sie einen ähnlichen Einrichtungsprozess wie bei den zuvor beschriebenen Anzeigenplattformen. Für diejenigen, die daran interessiert sind, das LinkedIn-Engagement zu erhöhen, wählen Sie "Videoaufrufe" oder "Engagement" als Kampagnenziele. Um einen Trichter für den Verkauf eines Produkts oder einer Dienstleistung zu erstellen, wählen Sie "Website-Conversions" oder "Lead-Conversions". Wählen Sie ein Anzeigenformat aus, das auf dem Inhaltstyp basiert, den Sie für Ihr Unternehmen als am effektivsten empfunden haben oder für am effektivsten halten. Dabei kann es sich um Videos, Bilder oder rein textbasierte Nachrichten handeln. Wenn Sie fertig sind, klicken Sie auf "Weiter" und geben Sie

---

[57] Beachten Sie, dass LinkedIn-Kampagnengruppen nur eine Ebene des Bucketing über Kampagnen sind und ausschließlich zu organisatorischen Zwecken existieren.

den Anzeigeninhalt ein. Starten Sie dann, und schon kann es losgehen. Beachten Sie diese Tipps, wenn Sie weiterhin LinkedIn-Anzeigen schalten:

- Wenn Sie mit kleinen Budgets arbeiten, testen Sie eine Vielzahl von überspezifischen Custom Audiences (mit Zielgruppen von mindestens 50.000) mit Targeting, von dem Sie glauben, dass es am besten funktioniert oder auf anderen Plattformen gut funktioniert hat.
- Nutzen Sie das Leistungsdiagramm und den Tab "Demografische Merkmale", um Anzeigen im Laufe der Zeit anzupassen.
- Richten Sie übereinstimmende und ähnliche Zielgruppen ein, um Website-Besucher erneut anzusprechen. Suchen Sie auf dem Targeting-Bildschirm im Kampagnenmanager nach passenden Zielgruppenoptionen und suchen Sie unter "Planen", "Zielgruppen" und "Zielgruppe erstellen" nach Optionen für ähnliche Zielgruppen.

Zusammenfassend lässt sich sagen, dass LinkedIn eine meisterhafte Plattform ist, um ein professionelles Publikum zu erreichen: Nutzen Sie es gut.

Anzeigen auf Nischenseiten

Bisher haben wir die meisten der größten Werbenetzwerke der Welt abgedeckt. Übrig bleiben alle Nischenanbieter im Werbespiel – nämlich diejenigen, die Anzeigen auf Plattformen anbieten, die sich auf ein einzelnes Interesse oder eine bestimmte Bevölkerungsgruppe konzentrieren.

Zum Beispiel schaltet meine Verlagsagentur routinemäßig Anzeigen auf Goodreads, einer sozialen Plattform speziell für Leser.

Um Nischenanzeigenmöglichkeiten zu finden, sollten Sie die Websites und Apps berücksichtigen, die von Ihrer Zielgruppe besucht werden. Besuchen Sie sie und sehen Sie, ob sie Anzeigenplatzierungen anbieten. Beachten Sie nur, dass viele kleinere Plattformen Mindestanforderungen haben – Goodreads zum Beispiel erfordert mindestens 5.000 US-Dollar an Werbeausgaben (3.200 US-Dollar, wenn Sie über eine Partneragentur arbeiten). Wenn die Bedingungen nicht klar sind, zögern Sie nicht, sich an den Support oder die Admin-Teams zu wenden.

Alternative Werbung

PPC-Werbung spiegelt nicht die gesamte Bandbreite der verfügbaren digitalen Werbung oder Marketingmöglichkeiten wider. Wir werden die beiden alternativen Strategien untersuchen, die von kleinen Unternehmen am häufigsten eingesetzt werden: Influencer-Marketing und Affiliate-Marketing.

Beeinflussen Sie das Marketing

Bisher wurde deutlich gemacht, dass die Erstellung von Inhalten eine lukrative Möglichkeit für Unternehmen ist, mehr Menschen zu erreichen und diese Zuschauer zu Kunden zu machen.

Influencer-Marketing bringt einen ähnlichen Nutzen wie das Publikum.Bauen, umgeht aber die Schwierigkeit, die mit dem Erstellen und Teilen von Inhalten verbunden ist: nämlich. Es geht darum, dass Unternehmen Geld zahlen oder Social-Media-Influencern kostenlose Produkte anbieten, um im Gegenzug Werbung für das Publikum des Influencers zu schalten.

Zum Beispiel kann eine Beauty-Marke einen Beauty-Influencer mit 500.000 Abonnenten auf Y bezahlenouTube 3.000 US-Dollar, um dreißig Sekunden lang in einem Video über die Produkte der Beauty-Marke zu sprechen. Alternativ kann der Influencer auch ein kostenloses Produkt im Wert von 3.000 US-Dollar als Gegenleistung für die Werbung erhalten oder sich als von der Beauty-Marke "gesponsert" erklären und somit eine langfristige Beziehung aufrechterhalten, während die Marke den Influencer dafür bezahlt, seine Produkte oder Dienstleistungen langfristig und während der gesamten sozialen Präsenz und seines gesamten Inhaltskörpers zu nutzen und zu bewerben.

Als jemand, der sowohl der Influencer als auch das Geschäft in der Influencer-Marketing-Beziehung war, kann ich über den Win-Win-Charakter des Influencer-Marketings und die Tatsache sprechen, dass es eine praktikable Strategie ist Für praktisch alle Unternehmen, da Influencer alle erdenklichen Nischen und Größen repräsentieren. Um die Influencer zu identifizieren, mit denen Ihre Marke zusammenarbeiten kann, erkunden Sie diese Plattformen:

- Influenzität
- Upfluence
- Creator.co

Alternativ können Sie Ihre Nische oder Branche auf einer bestimmten sozialen Plattform suchen und sich die Top-Influencer ansehen. Ziel ist es, mit Influencern zusammenzuarbeiten, deren Zielgruppen Ihre Zielgruppe widerspiegeln, hohe Engagement-Raten, niedrige Werbezahlen und Werte, die zu Ihrer Marke passen.

Bei der Kontaktaufnahme mit Influencern sind personalisierte Nachrichten am besten. Vergleichen Sie zwei E-Mails, die ich erhalten habe:

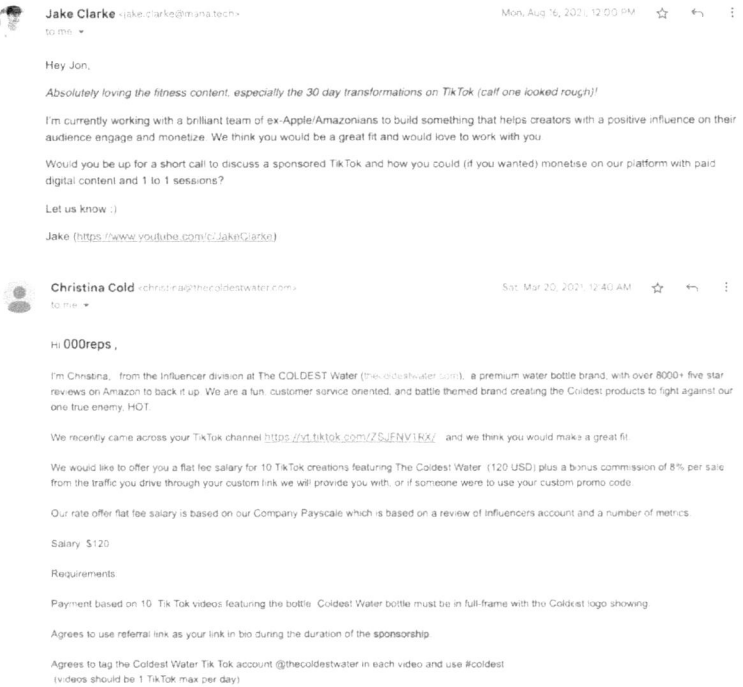

Die oberste E-Mail zeigte, dass der Autor zumindest einige meiner Inhalte angesehen hatte, bevor er sich meldete. Der Pitch war prägnant und der Call-to-Action war personalisiert und klar. Das ist alles, was Sie tun sollten, wenn Sie sich an Influencer wenden. Die zweite E-Mail ist alles, was Ihre Kontaktaufnahme nicht haben sollte – eine offensichtlich automatisierte und falsch geschriebene erste Zeile, eine schmerzhaft verlängerte Textformatierung, ein falscher Name und ein leeres Profilbild sowie ein schwacher Slogan ("unser einziger wahrer Feind, HOT" ist einfach nicht der richtige Schritt, sorry Leute).

Auch wenn es einige Zeit in Anspruch nehmen kann, die Kontaktaufnahme mit Influencern richtig zu personalisieren, lohnt es sich in der Reaktion, die es verursacht. Die Kontaktaufnahme per E-Mail ist in der Regel am besten – wenn ein Influencer keine Liste hat, ist es in Ordnung, sich per Direktnachricht zu melden.

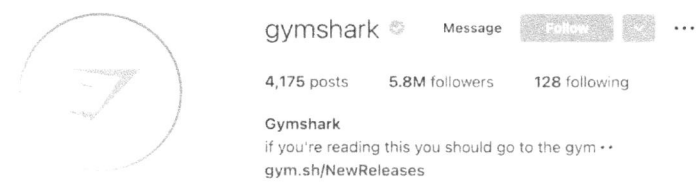

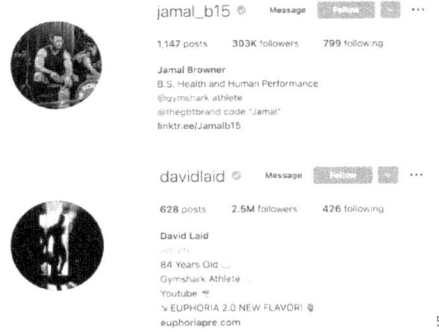

58

Gymshark ist eine Marke, die Influencer-Marketing stark nutzt. Tatsächlich wird das Sponsoring durch Gymshark in der Bodybuilding- und Fitness-Community als ultimatives Statussymbol angesehen – Influencer wetteifern um die Aufmerksamkeit von Gymshark in der Hoffnung, eine Patenschaft zu erhalten. Das ist Influencer-Marketing vom Feinsten, und Gymshark wuchs dadurch zu einer Milliarden-Dollar-Marke heran.

Sobald Sie mit Influencern in Kontakt getreten sind, von denen Sie glauben, dass sie gut zu Ihrer Marke für das Influencer-Marketing passen würden, ist das alles Auf der linken Seite muss überprüft werden, ob der Influencer auf seiner Seite des Bargins durchhält. Ziel ist es, die Ergebnisse zu messen, und arbeiten Sie nur dann mit einem Influencer zusammen, wenn er nachweislich mehr Kunden und Gewinn für Ihr Unternehmen generiert, als er kostet. Wenn sie ungewöhnlich gute Leistungen erbringen, bieten Sie ihnen eine längerfristige Unterstützung an.

Beachten Sie schließlich, dass Influencer-Marketing einen großen Beitrag dazu leistet, dass Ihr Unternehmen wächst.DIENCE

---

[58] *Instagram: Gymshark, Jamal)b15, David Laid*

in den sozialen Medien – eine Erwähnung eines Influencers, mit dem Sie zusammenarbeiten, kann leicht das 10-fache eines kleinen Markenprofils ermöglichen.

Behalten Sie also das Influencer-Marketing als ein immens wertvolles Instrument im Hinterkopf, um Nutzen Sie die Vorteile eines sozialen Publikums, ohne es selbst aufbauen zu müssen, sowie einen Weg, um das soziale Wachstum Ihres Unternehmens zu beschleunigen.

Affiliate-Marketing

Als unsere zweite Form der alternativen digitalen Werbung ist Affiliate-Marketing der Prozess, bei dem ein "Affiliate" oder ein Dritter eine Provision für den Verkauf Ihrer Produkte oder Dienstleistungen für Sie verdient. Affiliate-Marketing ist in der Influencer-Community am weitesten verbreitet, da Ersteller durch Affiliate-Provisionen leicht von ihrem großen Publikum profitieren können. Unternehmen hingegen lieben Affiliate-Marketing, da es andere Menschen dazu anregt, ihre Produkte und Dienstleistungen für sie zu verkaufen.

Richten Sie für Ihr Unternehmen ein Affiliate-Marketing-Programm ein, indem Sie einfach eindeutige Codes für Affiliates festlegen (wirklich für jeden Benutzer, da es keinen Nachteil gibt, jedem Kontoinhaber einen Code anzubieten), die automatisch Provisionen auf ihr Konto erhalten können, wenn Kunden mit ihrem Code auschecken. Dies ist einfach über das AffiliateWP-Plugin in Wordpress möglich (Pretty Links und Easy Affiliate funktionieren auch). Einige Unternehmen, insbesondere solche mit digitalen Informationsprodukten, können von der Auflistung auf clickbank.com profitieren, einem Marktplatz für Unternehmen und Affiliate-Vermarkter.

Beachten Sie diese Unternehmen, die haben immens profitable Partnerprogramme geschaffen:

TradingView Partner Program

Earn money with the cutting-edge financial platform

Lifetime Profit

Receive a 30% commission
for all payments that your
referrals make

A 90-Day Cookie

Referrals that sign up within
90 days will be assigned
to you forever

Referral benefit

Your referral will get up to
$30 to put towards their new
plan

Start Earning

You've outdone yourself.

Calling all publishers, creators, and
bloggers. Join our affiliate program to
monetize your content and connect with
the broader Robinhood community.

Apply now

Binance.US Affiliate Program

Earn rewards when you introduce your community to crypto. Get up to $1,000 for
every referral. See program terms below.

Become an Affiliate

59

Zusammenfassend lässt sich sagen, dass sowohl Affiliate-Marketing
als auch Influencer-Marketing wertvolle digitale Strategien für alle

---

59 *TradingView, Robinhood, Binance.us*

Alle nicht im Abspann aufgeführten Social Analytic & Ad Visuals von Jon Law

Arten von Unternehmen sind. Jeder nutzt die Macht anderer Menschen - ob berühmte Influencer oder College-Studenten, die untereinander Links austauschen -, um Ihr Geschäft für Sie auszubauen.

Zurück zur Strategie

Ich werde ein letztes Mal vermitteln, wie wichtig es ist, Metriken und einen datengesteuerten Ansatz in die digitale und soziale Werbung zu integrieren.

In den letzten acht Kapiteln haben wir eine Vielzahl von Tools untersucht, die für die Welt des digitalen Geschäfts unerlässlich sind – soziale Strategie, soziale Präsenz, Erstellung von Inhalten, PPC-Werbung, Influencer-Marketing und so weiter. Ein roter Faden ist das Streben nach Optimierung: Kein Trichter, keine Werbekampagne und keine Content-Pipeline wird vom ersten Tag an ihr volles Potenzial ausschöpfen, und der Online-Erfolg für kleine Unternehmen spiegelt weitgehend das Ausmaß wider, in dem Daten gemessen, analysiert und als Motor für weitere Aktivitäten verwendet werden. Behalten Sie diesen Grundsatz im Mittelpunkt Ihres digitalen Betriebsons vorwärts gehen.

Nach der gleichen Regel sollten Daten Entscheidungen bestimmen, nicht dieses Buch. Wir haben unser Bestes getan, um einen umfassenden Rahmen für Unternehmen zu schaffen, die in den sozialen und digitalen Raum eintreten möchten. Dies bedeutet nicht, dass alle Unternehmen in gleichem Maße von einer bestimmten digitalen Strategie oder einem bestimmten digitalen Tool profitieren können. Vielmehr ist jedes Unternehmen einzigartig, und die hier vorgestellten Ratschläge werden am besten als zugrunde liegender Prozess, Methodik und Wissensbasis betrachtet, von der aus gearbeitet werden kann.

Das Buch kann nur dort enden, wo es begonnen hat: mit einer Einführung in eine Welt, die zunehmend von Online-Interaktion geprägt ist, und einem Geschäftsumfeld, das möglicherweise den größten Wandel in der Geschichte hin zu einem massiv globalisierten und digitalisierten System vollzieht.

Diese Zukunft muss nicht beängstigend sein – Sie sind jetzt mit den Werkzeugen ausgestattet, um sie anzunehmen und zu nutzen, um Ihre Botschaft, Produkte und Dienstleistungen zu fördern.

Wie in Kapitel zwei erwähnt, wird dieses Buch erstmals im Herbst 2022 veröffentlicht. Jedes Jahr wird eine neue Ausgabe veröffentlicht, um die sich schnell verändernden Bereiche und Möglichkeiten widerzuspiegeln, die sie erforscht. Es wird sich zusätzlich gemäß dem Feedback der tatsächlichen Leser weiterentwickeln. Um uns Ihre Erfahrungen zu schenken oder Fragen zu stellen, wenden Sie sich an team@smmfsb.com.

Anhang

Was sollten Sie als nächstes lesen?

Vielen Dank, dass Sie dieses Buch gelesen haben! Wenn Sie auf der Suche nach verwandten Lektüren sind und unabhängiges Publizieren unterstützen möchten, schauen Sie sich zwei unserer beliebten Werke an, *The Modern Guide to Stock Market Investing for Teens* und *Bitcoin Answered*.

Bestätigungen

Nach einem aggressiven Jahr des Schreibens im Jahr 2021, das von der Veröffentlichung von zwei Büchern geprägt war, gebe ich zu, dass die letzten Monate weniger geschmückt waren. Mich wieder in den Sattel zu setzen, war keine leichte Aufgabe, wenn auch sicherlich eine lohnende. Das Verdienst gebührt meinem wunderbaren Team und den Menschen um mich herum – angefangen bei Will Warren, der den Samen gepflanzt hat, der zu diesem Buch wurde, bis hin zum Veröffentlichungsteam von Aude.

Ordnungsgemäße Anerkennungen müssen zu einem viel früheren Zeitpunkt beginnen. Dieses Buch und das darin enthaltene Wissen sind die Zusammenfassung wilder unternehmerischer Unternehmungen in den vielen oben genannten Bereichen. Für das Geschenk dieser Jahre habe ich Jeremy Vaughn, Omar Rezec, Michael Thompson, Sreekar Kuckibhatla, Sharon Kha, Ben Wanzo, John Corcoran, Kai Lu, Jack Jacobs, Mahmood und den vielen anderen, mit denen ich das Vergnügen hatte, zusammenzuarbeiten, meinen tiefen Dank ausgesprochen.

Vielen Dank an Blake Martin, Ksenia Suglobowa und Manny Diaz für wertvolle Beiträge zu diesem Text sowie an Dean Liang, Genesis Nguyen und Jack Zimmerman für Beiträge zu neueren Werken.

Mein Dank gilt Alyssa Callahan und Patchen Homitz – was sich schließlich auszahlt, aber ein Sitz des Lernens. Ebenso ist eine Hommage an Gil, Habeeb, Connor, Joyce, Justin, Malcolm, Malia und, ja, ganz Starroyo längst überfällig. Ich wünsche allen alles Gute für die Zukunft.

Schließlich, lieber Leser, vielen Dank für Ihre Zeit und Ihre Gedanken. Alle Bücher sind für ihre Leser – ich hoffe, dieser Text ist Ihnen gerecht geworden.

Betriebsmittel

Dienstleistungen, die im gesamten Buch erwähnt werden.

Soziale Präsenz

Google.com/business

facebook.com/pages/creation

trends.pinterest.com

search.google.com/search-console

trends.pinterest.com

Schlaff

Asana

Trello (Begriffsklärung

Zapier (Begriffsklärung)

Hootsuite

Später

Rückenwind

Co-Zeitplan

Iconosquare

BuzzSumo

Scoop.it

Erwähnen

MeetEdgar

SocialPilot

Facebook-Seiten-Manager

Zoho Social

PromoRepublic

Audiense Connect

Napoleonische Katze

Fiverr

Aufarbeitung

Designhügel

Toptal (Begriffsklärung

Schilf

99designs

Kodierbar

Gun.io

PeoplePerHour

Himmelswort

Canva (Begriffsklärung

Photoshop (Englisch)

Photopea

Mailchimp

Ständiger Kontakt

Tropfen

Hubspot (Begriffsklärung

Sendinblue

SEMrush

SpyFu

Antworten Sie der Öffentlichkeit

ClickCease

Dashword:

SEMrush

SpyFu

Antworten Sie der Öffentlichkeit

ClickCease

Dashword (Bindestrich)

Werbung

business.pinterest.com

studio.youtube.com

ads.google.com

business.facebook.com

facebook.com/adsmanager/manage/campaigns

business.nextdoor.com

getstarted.tiktok.com

advertising.amazon.com

Clickbank.

Domain, Website und Hosting

godaddy.com

godaddy.com/en-in/hosting/WordPress-hosting

bluehost.com/WordPress

Squarespace (Quadratraum)

Weebly (Begriffsklärung)

Wix (Übersetzung)

Index

Besonders.

| | | | |

www.ingramcontent.com/pod-product-compliance
Lightning Source LLC
Chambersburg PA
CBHW061154120626
46546CB00005B/2063